修辞学视域下的批评话语分析研究

李艳芳　著

天津出版传媒集团

天津人民出版社

图书在版编目（ＣＩＰ）数据

修辞学视域下的批评话语分析研究 / 李艳芳著 . --
天津：天津人民出版社，2024.4
ISBN 978-7-201-20330-0

Ⅰ.①修… Ⅱ.①李… Ⅲ.①批评－话语语言学－研
究 Ⅳ.① H0

中国国家版本馆 CIP 数据核字 (2024) 第 065847 号

修辞学视域下的批评话语分析研究
XIUCIXUE SHIYU XIA DE PIPING HUAYU FENXI YANJIU

出　　版	天津人民出版社	
出 版 人	刘锦泉	
地　　址	天津市和平区西康路 35 号康岳大厦	
邮政编码	300051	
邮购电话	(022)23332469	
电子信箱	reader@tjrmcbs.com	

责任编辑　伍绍东
装帧设计　Onebook Press (Email：holybird@gmail.com)

印　　刷　天津新华印务有限公司
经　　销　新华书店
开　　本　710 毫米 ×1000 毫米　1/16
印　　张　13
字　　数　144 千字
版　　次　2024 年 4 月第 1 版　2024 年 4 月第 1 次印刷
定　　价　68.00 元

郑州大学厚山人文社科文库
编委会

总　序

哲学社会科学是人们认识世界、改造世界的重要工具，是推动历史发展和社会进步的重要力量。习近平总书记指出："一个没有发达的自然科学的国家不可能走在世界前列，一个没有繁荣的哲学社会科学的国家也不可能走在世界前列。""高校是我国哲学社会科学'五路大军'中的重要力量。"充分肯定了高校的地位和作用。郑州大学哲学社会科学面临重大机遇。

一是构建中国特色哲学社会科学的机遇。历史表明，社会大变革的时代，一定是哲学社会科学大发展的时代。党的十八大以来，以习近平同志为核心的党中央高度重视哲学社会科学。习近平总书记在全国哲学社会科学工作座谈会上的重要讲话为推动哲学社会科学研究工作提供了根本遵循。《关于加快构建中国特色哲学社会科学的意见》为繁荣哲学社会科学研究工作指明了方向。进入新时代，我国将加快向创新型国家前列迈进的步伐，构建中国特色自主知识体系成为高校的重要使命。站在新的历史起点上，更好进行具有许多新的历史特点的伟大斗争、推进中国特色社会主义伟大事业，需要充分发挥哲学社会科学的作用，需要哲学社会科学工作者立时代潮头、发思想先声，积极为党和人民述学立论、建言献策。

二是新时代推进中原更加出彩的机遇。推进中原更加出彩，需要围绕深入实施粮食生产核心区、中原经济区、郑州航空港经济综合实验区、郑洛新国家自主创新示范区、中国（河南）自贸区、中国（郑州）跨境电子商务综合试验区、黄河流域生态保护和高质量发展等重大国家战略开展研究，为加快中原城市群建设、高水平推进郑州国家中心城市建设出谋划策，为融入"一带一路"国际合作和推进乡村振兴、推动河南实现改革开放、创新发展，提供智力支持。同时，需要注重成果转化和智库建设，使智库真正成为党委、政府工作的"思想库"和"智囊团"。因此，站在中原现实发展的土壤之上，我校哲学社会科学必须立足河南实际、面向全国、放眼世界，弘扬焦裕禄精神、红旗渠精神、愚公移山精神、大别山精神和中原文化的优秀传统，建设具有中原特色的学科体系、学术体系，构建具有中原特色的话语体系，为经济社会发展提供理论支撑和智力支持。

三是加快世界一流大学建设的机遇。学校完成了综合性大学布局，确立了综合性研究型世界一流大学的办学定位，明确了建设一流大学的发展目标，世界一流大学建设取得阶段性、标志性成效，正处于转型发展的关键时期。建设研究型大学，哲学社会科学承担着重要使命，发挥着关键作用。为此，需要进一步提升哲学社会科学解决国家和区域重大战略需求、科学前沿问题的能力；需要进一步提升哲学社会科学原创性、标志性成果的产出质量；需要进一步提升社会服务水平，在创新驱动发展中提高哲学社会科学的介入度和贡献率。

把握新机遇，必须提高学校的哲学社会科学研究水平，树立正确的政治方向、价值取向和学术导向，坚定不移实施以育人育才为中心的哲学社会科学研究发展战略，为形成具有中国特色、中国风格、中国气派的哲学社会科学学科体系、学术体系、话语体系做出贡献。

"十三五"时期以来，郑州大学科研项目数量和经费总量稳步增长，走在全国高校前列。高水平研究成果数量持续攀升，多部作品入选《国家哲学社会科学成果文库》。社会科学研究成果奖不断取得突破，获得教育部第八届高等学校科学研究优秀成果奖（人文社会科学类）一等奖1项，二等奖2项，三等奖1项。科研机构和智库建设不断加强，布局建设11个部委级科研基地。科研管理制度体系逐步形成，科研管理的制度化、规范化、科学化进一步加强。哲学社会科学团队建设不断加强，涌现了一批优秀的哲学社会科学创新群体。

从时间和空间上看，哲学社会科学面临的形势更加复杂严峻。我国已经进入中国特色社会主义新时代，开始迈向以中国式现代化全面推进中华民族伟大复兴新征程，逐步跨入高质量发展新阶段；技术变革上，信息化进入新一轮革命期，元宇宙、云计算、大数据、移动通信、物联网、人工智能日新月异。放眼国际，世界进入到全球治理的大变革时期，面临百年未有之大变局。

从哲学社会科学研究本身看，重视程度、发展速度等面临的任务依然十分艰巨。改革开放40多年来，我国已经积累了丰厚的创新基础，在许多领域实现了从"追赶者"向"同行者""领跑者"的转变。然而，我国哲学社会科学创新能力不足的问题并没有从根本上改变，为世界和人类贡献的哲学社会科学理论、思想、制度性话语权、中国声音的传播力、影响力还很有限。国家和区域重大发展战略和经济社会发展对哲学社会科学提出了更加迫切的需求，人民对美好生活的向往寄予哲学社会科学以更高期待。

从高水平基金项目立项、高级别成果奖励、国家级研究机构建设上看，各个学校都高度重视，立项、获奖单位更加分散，机构评估要求更高，竞争越来越激烈。在这样的背景下如何深化我校哲学社会科学体制机制改革，培育发展新活力；如何汇聚众智众力，扩大社科研究资源供给，提高社科成果质量；如何推进社科研究开放和合作，打造成为全国高校的创新高地，是我们面临的重大课题。

为深入贯彻习近平新时代中国特色社会主义思想和习近平总书记关于哲学社会科学工作重要论述以及《中共中央关于加快构建中国特色哲学社会科学的意见》等文件精神，充分发挥哲学社会科学工作者"思想库""智囊团"作用，更好地服务国家和地方经济社会发展，推动学校哲学社会科学研究的繁荣与发展，郑州大学于2020年度首次设立人文社会科学标志性学术著作出版资助专项资金，资助出版一批高水平学术著作，即"厚山文库"系列图书。

厚山是郑州大学著名的文化地标，秉承"笃信仁厚、慎思勤勉"校风，取"厚德载物""厚积薄发"之意。"郑州大学厚山人文社科文库"旨在打造郑州大学学术品牌，集中资助国家社科基金项目、教育部人文社会科学研究项目等高层次项目以专著形式结项的优秀成果，充分发挥哲学社会科学优秀成果的示范引领作用，推进学科体系、学术体系、话语体系创新，鼓励学校广大哲学社会科学专家学者以优良学风打造更多精品力作，增强竞争力和影响力，促进学校哲学社会科学高质量发展，为国家和河南经济社会发展贡献郑州大学的智慧和力量，助推学校世界一流大学建设。

"厚山文库"出版资助的程序为：学院推荐，社会科学处初审，专家评审。对最终入选的高水平研究成果进行资助出版。

郑州大学党委书记别荣海教授，郑州大学校长李蓬院士，郑州大学副校长刘春太教授等对"厚山文库"建设十分关心，进行了具体指导。学科与重点建设处、高层次人才工作办公室、研究生院、发展规划处、学术委员会办公室、人事处、财务处等单位给予了大力支持。国内多家知名出版机构提出了建设性的意见和建议。在这里一并表示衷心感谢。

我校哲学社会科学工作处于一流建设的机遇期、制度转型的突破期、追求卓越的攻坚期和风险挑战的凸显期。面向未来，形势逼人，使命催人，需要我们把握学科、学术和研究规律，逆势而上，固根本、扬优势、补短板、强弱项，努力开创学校哲学社会科学发展新局面。

周倩

2024 年 01 月 01 日

目　录

第一章

批评话语分析与修辞学

第一节 批评话语分析研究概览

20 世纪后半叶，西方哲学的"语言转向"将语言本身的一种理性知识提升到哲学基本问题的地位，主客体关系或意识与存在的关系不再是哲学关注的主要对象，语言和世界的关系逐渐进入哲学的研究视野。这一"哥白尼式的革命"无疑带来了社会科学、艺术和人文学科领域诸多观念的更新，也催生了很多新的研究领域。批评性话语分析（Critical Discourse Analysis，下文简称 CDA）恰恰就是在语言社会功能引起学术界高度关注这一学术大背景下诞生的。作为一种研究范式，批评性话语分析以语言、权力与意识形态之间的关系为自身的研究对象，是"目前语篇语言学研究领域中具有强劲发展势头的一个分支"（Hoey，2001：3）。它将"批评语言学与福柯和布迪厄的社会学视角相联姻，通过揭示文本中的霸权结构而试图洞察权力关系与文本生产之间的变动的本质"（Joseph，2006：127）。建立在后现代结构主义语言观基础之上的批评话语分析以揭示并强调语言运用与社会结构之间的关系为己任，作为一种社会现象的话语，既受到社会结构的制约，同时又通过参与社会身份、社会关系、知识和信仰体系的建构，改变着社会结构。"作为社会权力的话语是一把'双刃剑'：一方面，它通过解构个体和团体的社会身份和文化，瓦解已有的社会秩序；另一方面，在社会解构过程中，它不断地实现个体或者团体的社会身份和文化的重构和再定义，从而确立新的社会秩序。"[1]透过权力、意识形态的面纱，CDA旨在揭示隐藏在话语背后的权力、意识形态与语言的关系。语言被置于其赖以存在的社会文化背景之下，其社会性以及意识形态／权力与语言的双向关系得以突显。在批评话语分析观照下，语言是一种社会符号，它的产生、传播和运用无不具有社会性的烙印和鲜明的意识形态色彩。批评性话语分析"把话语从文本中解放出来，引向社会实践的维度，对其中的意识形态和权力关系进行考察。"[2]话语如何由权力与意识形态的关系所构成，话语在建构社会身份、社会关系以及知识和信仰体系方面的作用成为其与"非批评性"话语分析的重要区别。一言以蔽之，正是批评性话语分析对语言所进行社会学层面的考察的宏观研究视野决定了其跨学科性特点。

1　王馥芳："话语权力：社会改善的重要力量"，《社会科学报》，2014（5）：1。
2　李敬："传播学领域的话语研究：批评话语分析的内在分野"，《国际新闻界》，2014（4）：8。

批评性话语分析的前身是由福勒（Fowler）、克莱斯（Kress）、霍其（Hodge）等学者建立的批评语言学，如果按照学者们一致公认的看法，即将 1989 年《语言与权力》一书的出版看作"批评话语分析"的诞生，那么在过去三十多年的发展历程中，CDA 已然成为西方语言学界一个炙手可热的话题。其研究队伍不断壮大，相关著述不断增加，不仅创立了该领域的国际性刊物，如《话语与社会》（*Discourse and Society*）、《话语研究》（*Discoure Studies*）、《语言与政治》（*Journal of Language and Politics*）、《批评话语分析》（*Critical Discourse Analysis*），拓宽了批评话语研究的阵地，而且设立了地区性的合作研究项目伊拉斯莫（Erasmus）；研究成果也层出不穷，如对 9·11 事件的研究（Chilton，2001）、对国家特征的研究（Wodak，1999）和对社会福利改革的研究（Fairclough，2000）。事实上，在研究联系语言结构与社会结构这一中介体的问题上，CDA 内部也形成了不同的研究方法，如以费尔克拉夫（Fairclough）为代表的兰卡斯特学派（Lancaster School）的社会变革论，以沃达克（Wodak）为代表的维也纳学派（Vienna School）的语篇历史法，以韦瑟尔（Wetherell）为代表的拉夫堡学派（Loughborough School）的话语心理学，以克莱斯（Kress）和范莱文（Van Leeuwen）为代表的社会符号学，以范·戴克（Van Dijk）为代表的社会认知法等等。

与国外语言学界对不断变化的社会生活各领域中语言运用的积极关注相比，国内语言学界对批评话语分析的关注在过去三十年中也在持续增长。国内学者对批评语言学的介绍和研究出现在 20 世纪 90 年代。陈中竺（1995）、辛斌（1996）是最早介绍批评语言学的两位学者。辛斌自 20 世纪 90 年代初开始不断向国内同行介绍批评语言学的研究成果。

2005 年上海外语教育出版社出版了其专著《批评语言学：理论与应用》，该书被公认为国内第一部批评话语分析的专著。我们以"批评话语分析"为关键词对中国知网文献进行了检索，发现自 1999 年至 2022 年就有 2270 项符合检索条件，其中不仅包括大量评介和综述性的文章，同时也出现了运用批评话语分析来分析新闻、政治、广告话语、庭审、叙事话语等诸多研究成果。此外，2012 年和 2014 年国内知名学术出版机构，上海交通大学出版社和北京大学出版社相继向国内学者引介国外批评话语分析研究的成果（Martin，2012；Wodak & Meyer，2014）。然而，我们必须看到批评话语分析内部围绕着其研究任务、研究方法和研究目的依然存在着激烈的学术争论，斯塔布斯（Stubbs）（1997）、威多尔逊（Widdowson）（2004）和比利格（Billig）（2008）对 CDA 的批评始终伴随着 CDA 的发展。国内学者辛斌（2008）认为对 CDA 的批评主要集中在三个方面：其一，一些主要理论概念缺乏明晰性和严谨性；其二，CDA 的方法缺乏系统性和有效性；其三，鉴于上面两个原因从而对 CDA 分析结构真实性和可靠性的质疑。不过在这篇文章的最后，他援引了布鲁米特（Blommaert, 2005）的观点认为："CDA 并不因此而失去了继续存在和发展的意义……正是因为 CDA 所做的工作，使我们能够更加认真地探讨和认识社会机构在公共生活中对语言的使用和滥用。"许力生认为"深入思考这些批评及其争议对话语分析和相关研究非常必要，不仅有助于探明 CDA 招致批评的根源，还可以更好地认识到话语分析在任务、方法和目的等方面的问题及其错综复杂的格局和趋向。"[1]田海龙（2016）认为对 CDA 的一些批评是有失偏颇的，同时深入分析

---

1 许力生："话语分析面面观——反思批评话语分析的批评"，《浙江大学学报》，2013（1）：135。

了 CDA 与系统功能语言学、与积极话语分析的关系及 CDA 的应用。

　　尽管学术争论从一定意义来讲是任何学术研究持续发展的不竭动力，但是如果学者们对一些关涉某一学科发展的基本认定存在着迥然相异的认识无疑对凝聚该学科的研究团队，使其进行更深入的学术研究有着极为破坏性的影响。此外，在讨论 CDA 的理论基础之时，国内外学者表现出了相似的倾向性，即往往强调葛兰西（Gramsci）、阿尔都塞（Althusser）、福柯（Foucault）、哈贝马斯（Habermas）、布迪厄（Bourdieu）等人的社会批评理论，对作为现代话语分析先驱的西方修辞学对 CDA 理论构建的启示却很少提及。CDA 对修辞的借鉴和运用仅仅局限于非常有限的几种机构话语，如种族主义和反犹话语（Reisigl & Wodak，2001）、全球化话语（Fairclough，2006）。虽然沃达克在其专著《批评话语分析的方法》（*Methods of Critical Discourse Analysis*）中曾谈到古典修辞学是批评性语篇分析的理论基础之一，却也只是一笔带过。与批评话语分析有着相同人文关怀而又有着丰富学术积淀的西方修辞虽然在不同时期对修辞有着不同的理解，但是在其众多的定义中，最有影响力也最具有代表性的一个主导性认识是："修辞是通过象征手段影响人们的思想、感情、态度、行为的一门实践。"[1] 作为研究的修辞，即修辞学，则是对实现其既定目标的这一象征过程的研究。仔细研读西方思想史，我们不难发现修辞不仅关涉语言运用的实践活动，同时也是基于这一语言运用的理论总结，更包含了透过这些修辞理论和实践活动，对语言的性质—语言与现实、语言与真理关系等一系列问题的深层次思考和批判。"修辞所代表的是一种在理性哲学传统内部对理性的界限进行追

1　刘亚猛：《西方修辞学史》，北京：外语教学与研究出版社，2008：2。

问的精神和思想方式。"[1]西方修辞历来以对社会生活的干预为关注，并早已许多以社会关怀为己任的批评理论和方法，如戏剧主义批评、论辩修辞、女性主义修辞批评、意识形态批评等批评范式。西方修辞学与批评性话语分析的终极追求是极为趋同的。与批评性话语分析一样，修辞学家高度重视话语的象征性和实践性，试图通过修辞发明、论题、论辩等修辞的核心概念来以一种全新的视角诠释人类的话语实践，因而开始受到批评话语分析研究者的关注。修辞传统早已对话语具有显著的政治和实际效果这一表述有着深刻的体认，范·戴克（Van Dijk）在其《话语分析手册》中指出："最早的话语分析家非古修辞学家莫属，如亚里士多德（Aristotle）、西塞罗（Cicero）和昆提良（Quintilian）等。"[2]古典修辞思想在 Wodak 看来无疑是批评话语分析的理论源头之一。修辞的传统分析工具如辞格（figure of speech）、论题（topoi）、论证（lines of argument）、修辞发明（invention）等，在对修辞事件的分析中仍可起到重要作用（Johnstone & Eisenhart，2014），也可以被应用到话语分析的研究之中。在批评话语分析研究者们看来，修辞学与话语批评之间的联系似乎更多地存在于古老的传统之中。修辞学出身的西方传播学研究者翠西（Tracy），对修辞与批评话语分析之间关系的表述恰恰体现出这样一种倾向。翠西认为："西方古典修辞思想堪称当今言语交际研究的智识起点，因而可以将其看作当今话语分析的源头。"[3]批评话语分析的相关著述中对源远流长的修辞传统鲜有提及，对以话语说服和认同为核

---

1 黄海荣："作为西方思想重塑力的修辞"，《中山大学学报》，2014（1）：61。
2 Tracy,Karen. "Discourse Analysis in Communication." *The Handbook of Discourse Analysis*. Ed. Schiffrin D.,etal. Oxford: Wiley-Blackwell, 2008: 727.
3 Tracy,Karen. "Discourse Analysis in Communication." *The Handbook of Discourse Analysis*. Ed. Schiffrin D.,etal. Oxford: Wiley-Blackwell, 2008: 727.

心关注的言说实践和理论范式同其自身之间关系的论述也语焉不详。批评话语分析虽然一贯标榜注重"反思性",却未能直面自身的修辞运作,其有关修辞的极为简略的表述在相当程度上模糊、遮蔽了其自身的修辞性。批评话语分析研究者对古典修辞渊源蜻蜓点水式地提及,似乎造成了这样一种印象,即 CDA 与西方修辞学之间没有太多的联系,这样做无疑很大程度上阻碍了人们对批评话语分析自身修辞性的进一步思考,从而忽视其作为一种学术话语形态本身所不可避免的修辞运作。CDA 对修辞资源总体上的盲视与其兼收并蓄的学术研究取向相悖,也不能充分说明修辞与话语批评的关联,同时也与 CDA 赖以确立批评范式的"跨学科性和开放性"不相符,甚至可能制约其进一步发展。我们无意否认社会批评理论在 CDA 中的重要地位,只是认为缺失了修辞学视角对 CDA 的丰富,CDA 的理论构建必然是不全面的。因为修辞学自古代社会到 19 世纪一直被看作批评分析的公认形式,它考察人们为了达到某种特定的效果而策略性地建构话语的方式,它的特殊兴趣在于将话语实践作为权力形态和行事方式加以把握。可以毫不夸张地说,修辞和权力的关系始终贯穿在西方修辞的发展过程中。修辞与政治学和社会权力的分配,自古以来就有着千丝万缕的联系,"修辞学探索修辞艺术是否给修辞实践者带来权力,由此而追踪权力的根源是什么,权力的真正本质又是什么。除此之外,还探索如果社会的一部分缺乏修辞知识或没有进行修辞实践的能力,这一部分人有没有丧失通向权力的途径等问题。"[1] 因而从西方修辞学理论中汲取营养必然会进一步丰富 CDA 的理论构建,从修辞的角度为我们理解批评话语分析提供了一个很好的切入点。因此,

---

1 Herrick, James A. *The History and Theory of Rhetoric-an Introduction*. 3rd ed., Boston: Pearson Education, Inc., 2005: 24.

要建立 CDA 坚实的理论基础，我们需要从蕴藏着丰富理论的西方修辞学传统中借鉴对 CDA 进一步发展的有益成分，探索和发现修辞学同批评话语分析之间的关系以及前者之于后者理论构建的重要借鉴意义就构成了本研究的重要任务。

第二节 西方修辞学视域中的语言学

纵观西方发展的历史，西方修辞学这一古老学科无疑是西方文化和教育的最主要基石之一。从亚里士多德开始，西方修辞学就将所有话语和使用符号的交流形式作为自己的研究范围，"其目标是从大量的人类话语中遴选出那些具有劝说作用的成分，并对其进行分门别类的归纳，根据结构和目的对每一种类的成分进行分析，识别构成每一种类的方法。为了实现这些目标，西方修辞学既对语言使用的正误性原则表示认同，也对有效地使用语言的方法进行分类。它不仅对如何提出证据和论辩的方法进行说明，还为准确推理过程的原则做出规定。"[1] "语法、修辞与逻辑"被誉为中世纪的三艺（拉丁文 trivium，意为"三条道路"），在这一古老的传统中，修辞学应该是更高层的学问，它统摄逻辑和语法。在西方古典修辞理论中，语法一向被认为是只负责识字扫盲阶段——包括掌握基本词汇、学会正确书写和造句——的入门或基础学科。修辞研究者从未将以语言一般形式和规则为研究对象的古典语言学看成是和自己

1　胡曙中："西方修辞学：当今语言研究之理论渊源"，《外语电化教学》，2008（7）：48。

势均力敌的学科。修辞学与语言学在研究对象，研究的着眼点和研究的范围等方面存在着明显的差别。

表1.1 修辞学与古典语言学的区别

	修辞学	古典语言学
研究对象	变化多端的语用功效	固定不变的结构成分
研究着眼点	整个社会文化语境	语言体系本身
研究范围	包括和语用相关的复杂人际互动和心理情感因素	不考虑此类因素

然而，伴随着"理性与科学时代"的到来和其所引发的西方智力版图的大分化、大改组，这一居高临下的格局无疑面临着新的挑战。在16世纪结束的大约300年间，"语言""意义""方法"和"知识"等现代主义范畴逐步取代了"话题""效果""手段"和"意见"等传统概念，成为流行的新关键词语；如何应用新进阐明的科学方法获取有关物质世界的新知识取代了如何通过解读和阐释经典文献使人类文化积淀和智慧结晶得到传承，成为思想知识界的最大兴趣。面对一个以颠覆传统思想自我标榜、咄咄逼人的现代主义秩序，修辞作为集古典智慧大成的综合学科，无疑陷入了尴尬困顿的处境之中。面对这一重大智力"气候变化"，"修辞再次展现自己'凤凰浴火重生的本事'，显示出一种在看上去已经不被当回事的时刻以不同装扮重新登场的能力"。[1] 依据刘亚猛的研究，修辞一方面淡化甚至放弃传统的概念和范畴，通过推出"语言""交流""论辩""作文"等和时代比较合拍的概念，使自己在现代主义智力

---

1 Carr, Thomas M. *Descartes and the Resilience of Rhetoric: Varieties of Cartesian Rhetorical Theory*.Carbondale: University of Southern Illinois Press, 1990:3.

气候中顽强地生存下来，并在一些具体的研究领域获得发展，如作文研究、论辩学等。另一方面修辞屈从于提倡专门化研究的科学方法，使得在传统修辞研究的"废墟"上萌发成长起来一些新的学科。当代人文和社会科学的很多课题，"不管是语言的形态和功能,社会行为的心理基础,思想认识由不确定性向确定性的转化还是文学的结构、功能和效果，最早都是在修辞学的学科框架内首先得到关注、讨论和表述的"。[1] 语言学这一现代学科的出现可以被看作原来将视线投向整个话语领域的大修辞由于承受不了理性精神和科学方法的重压而分崩离析,使得其原来的"属地"纷纷独立，开始在一个新的观念平台上将自己发展为自成一体的现代学科，而古典语言研究也成功地将自己改造为现代社会科学的一个重要分支。以人类语言为研究对象的语言学探索语言的性质、功能、结构、运用和发展演变，以及其他与语言相关的问题。语言学被普遍定义为对语言的一种科学化、系统化的理论研究，而作为古典学术领域观念母体的修辞学在发展为一门现代人文学科的道路上却举步维艰，语言学这一发端于修辞学的现代学科发展势头迅猛，而修辞学在局外人看来似乎已经日薄西山。与此同时，许多语言学家对于修辞的态度也莫衷一是，他们要么对修辞研究颇不以为然，要么力图将修辞改造为语言学的一个分支。

20世纪60年代乔姆斯基所开创的以理性主义为基础的语言研究一统天下，从此语言学的独立学科地位和学术主体身份得以确立，当代语言研究的主要议程得以设定。70年代，随着社会语言学和语用学等语言研究的分支领域的蓬勃兴起，语言学的影响力逐渐扩大，语言学研究

1　刘亚猛：《西方修辞学》，北京：外语教学与研究出版社，2008：230。

得到了一些修辞学家的关注。在修辞教育领域,一些修辞学者曾试图照搬乔姆斯基的"转换生成语法",如弗朗西斯·克里斯滕森(Francis Christensen)提出的"基于句子的生成修辞学",就试图引导学生通过对核心句子或话题的"添加"和扩展实现修辞发明,同时生成句子和文本。试图从乔姆斯基的语言学理论获得灵感的努力一直持续到80年代,甚至有学者倡导建立所谓"生成文体学"。自奥斯丁的开创性研究之后,"施为性"成为语言哲学和语用学界一个广为流通的"笼统概念"。按照当代修辞学家贾拉特的观点,赋予这一概念以普遍形式"模糊了言说者与受众之间的区别,试图将修辞行为全都纳入一个受规则支配的话语体系,同时认定只要遵循了这些规则,就可以使所说的话和所写的文章具有效力的天真做法显然是与修辞的基本认识和立场格格不入的。"[1]

然而,试图从语言学汲取营养来丰富修辞学研究的做法并没有成为修辞学界的主导性力量,而且这一做法持续时间也不长。到了20世纪90年代,只有极少数特立独行者继续仿效语言学,修辞学界作为一个整体开始朝着不同方向发展,并在深层观念上与语言学分道扬镳已成为不可否认的事实。在语言学领域颇有建树的美国修辞学者狄克·利思(Dick Leith),曾在1994年发表了一篇具有权威性的论文,针对语言学和修辞学错综复杂的关系进行了探讨。这篇题为《修辞学视域中的语言学》(*Linguistics A Rhetor's Guide*)的文章以修辞研究作为立足点,全面系统地对当代语言学进行了审视和评论。不过这篇文章聚焦于两门学科的差别:修辞关注的是语言生产和接受的社会纬度,它以现实生活中

1　Jarratt, Susan C. *"Rhetoric" Introduction to Scholarship in Modern Languages and Literature*. 3rd ed. Parid G. Nicollos Ed. New York: Modern Language Association of America. 2007:90.

出现的形形色色的文本为自身的研究对象，致力于探讨论辩的结构和说服力，具有极强的受众意识，同时对从文本生产到接受这一过程的各个环节及其间内在的联系感兴趣，而以乔姆斯基为代表的当代语言学主流则对语言的"心智或生物"层面显示了极大的研究兴趣，其研究的对象则常常是孤立的，摆脱了特定语境的语言单位，明显具有理想化的倾向：第一，语言学家常常是自己按照"生活或话语的逻辑"编造那些其用来进行理论抽象的语言材料，所预设的是一个同质化的语言社群；第二，主流语言学家认为，语言是一个自成一体的系统。修辞学家最感兴趣的诸如语言与现实生活中各种争议的联系这一研究问题，丝毫不能引发他们的兴趣。

利思（Leith）在这篇文章中进一步指出，事实上由于深受主流学科观念形态的制约，一些非主流语言学流派如话语分析，与修辞在一些根本性问题的认识上显然存在着严重的分歧。会话分析虽然将语言学的关注点从言说者内在的语言能力转向社会互动和社会行为，如交流如何通过对话和交谈建立和维持社会关系，如何在言谈中具有高度的受众意识等，但是我们不能否认这些非主流语言学流派倾向于将语境看作是一个利益冲突的真空、不受权力染指的社会，而基于言语行为理论的话语研究也无不存在着将语境理想化的倾向，认为言语主体似乎可以按照自己的设想不受约束地实现自己的意图。

利思在这篇文章里表现了较强的受众意识，对受众所可能产生的那个疑惑早已了然于心。他紧接着就向以"批判"为己任的西方社会语言学家和话语分析理论家发难，提出虽然他们意识到了语言运用的语境是充满利益及利害冲突，被不平等权力关系所染指，并以此为出发点和总体框架来对语言应用进行理论归纳，同时也公开宣称自身的研究任务是通过描述语言结构及应用来揭示权力结构和意识形态讳莫如深的运作方式及控制机制。然而，在利思这位有着深厚造诣的修辞学学者看来，这一研究方向存在着三个无法回避的问题：第一，批评话语分析实践者对语言的"批判性"分析缺乏必要的灵活性，因为他们首先确定自己对社会本质的基本认识进而决定采取的基本政治立场，其分析不可避免会受这些认识和立场的制约；第二，他们似乎认定是特定语言特征促成了文本的意识形态效果，这无疑沿袭了早期文体学家机械地将语言特征和风格效果对应的做法；第三，由于"批判性"分析力图揭示语言如何受权力和意识形态的操纵而成为控制公众的工具，其实践者往往将受众预设为一群无权无势亟待他人来解放的弱者，这一认识与修辞通过其核心概念"说服"所预设的那个可以向说辞者公然叫板的受众大相径庭。

利思指出，虽然从表面上看，形式主义语言学所提倡的对语言结构和形式进行严谨而细致的分析对修辞研究很有价值，但这一研究取向对解决修辞的核心问题，即特定现实环境中意识形态及美学效果是如何凭借语言形式和结构而产生，丝毫没有任何启示。由于这些方法未能发现现实语境中修辞效果的复杂生成机制，从而破解话语在真实社会实践中产生效力的深层次原因，在发现本学科提供的准则难以对语言实际应用进行深度分析之后，一些具有"批判"倾向的语言学家纷纷转向巴赫金以"对话观念"为核心的语言理论，即人类社会的常态是冲突而非共识，人类语言是在具体语境下由"交际事件"引发的"鲜活的言辞"构成的集合，意义是能动多变而绝非固定不变的。经历了"修辞学转向"的语言研究实现了研究对象从"语言"向"话语"，从"语言形态"向"语言应用"的跨越，从而使语言研究冲破了语言被看作符号体系的藩篱，而进入了语言被看作交流工具的新天地。这一新范式通过"话语"这一概念得到表达，而"话语"所表达的无非是人们所说的每一句话都必然牵涉到说者和听者，而且说者不可避免地抱有"以某种方式影响听者的意图"。[1]

在利思勾勒的语言学图景中，显然批评话语分析已经与西方修辞学的核心关注颇为趋同，尽管在利思看来这一研究方向依然存在问题。不可否认的是，西方修辞学对话语的批评有着两千多年的学术积淀，这无疑为我们提供了一个研究思路：要进一步完善和推进批评话语分析的研究，修辞学这一丰富的学术传统必然能为我们提供更多的启示。

第三节 西方修辞学—话语分析的理论渊源

在人类文明史上，修辞学是一门最原初、最基本的学问，它随着人类的进步而进步，随着社会文化的发展而发展。在汉语中，很难找到和"rhetoric"一词完全对应的表达，因为在西方语境中，"rhetoric"一词不仅可以指一种符号行为，也可以指一门学问或艺术，分别相当于汉语的"修辞"和"修辞学"。事实上，西方思想传统中，"rhetoric"一词的含义和范畴是不断变动的。关于修辞的性质和应用范围的争论从其古希腊肇始起就一直不绝于耳。在不同的历史时期，西方对修辞的理解有所

1　Benveniste, Emile. *Problems in General Linguistics*. Miami: University of Miami Press, 1971.

不同，修辞的地位也颇具戏剧性。对修辞不同的定义折射出不同的修辞观和研究路径。

西方修辞学早在古希腊时期就已经形成成熟的学科体系。尽管在其漫长的历史发展过程中，其学科内容变得非常庞杂，学科领域变得越来越宽泛，但是其基本的学科结构框架仍然是清晰可见的。西方修辞学的学科结构主要包括三个组成部分：其一，修辞的主要原理；其二，修辞的构成模式；其三，修辞的基础。修辞的主要原理包括修辞的目的和修辞的类型。修辞的目的包括劝说和雄辩两部分。传统上把劝说作为修辞的主要目的，包括说服、劝诫、认同、判断等部分。雄辩术指公共演说术，指运用华丽的言辞去产生个人的、社会的以及政治的影响。根据亚里士多德和西塞罗对修辞的分类，修辞类型主要有审议演说、法庭论辩与宣德演说。传统上，西方修辞学把修辞的创造过程与修辞行为划分为五个基本部分，这五个部分是：修辞发明、布局谋篇、文体风格、记忆和表达技巧。修辞的基础主要是由论证模式，即修辞人格（ethos）、道理（logos）和情感（pathos），以及听众中心（audience-centredness）两个要素组成。

古希腊修辞学的奠基人亚里士多德认为，修辞学是辩证法的对应物，并将其定义为"在任何特定场合下发现可能用于劝说手段的一种能力"（1954：24）古罗马修辞学家西塞罗解释了雄辩，即修辞的力量，指出了修辞学的范围："雄辩真正的力量在于它包含了世间一切事物的起源、影响和变化，一切道德、责任和本质，因为它影响了人类的态度、思维和生活。"[1] 西塞罗认为，修辞是治国安邦、展示政治家风度的重要工具。

---

1 Cicero, *De Orator*. Trans. W. Sutton. Cambridge: Harvard University Press, 1942: 320.

修辞使人们能在"对于各种事实了如指掌的基础上，用语言将思想和动机以听众不能不为之所动的强有力的方式表达出来，促使听众朝着它看重的任何方向运动。"[1] 古罗马的另一位修辞学家昆体良将修辞界定为"善言的科学"，突出了其修辞观的核心，即修辞与道义的统一。在他看来，一个好的演说家，应该是"善于言说的好人"，演说者不仅要在智力上提高，更应在德性上受到教育。[2] 进入中世纪，修辞学被看作是一种中性的技巧，应该被用于捍卫真理。中世纪的修辞学也主要局限于对书信写作和布道的研究。文艺复兴的核心是树立人文主义精神，以人为本，反"神性"，反"神权"。古罗马的言说艺术被推崇为修辞学的典范和发展高峰，西塞罗也成为最受文艺复兴时期人文主义者崇拜的榜样。自15世纪中叶开始的一百年里，修辞学又恢复了它在古典时期的崇高地位，甚至达到了新的顶峰。伴随着对古典修辞学研究兴趣的高涨和人文主义的兴起，修辞的社会威望逐渐提高，占主导地位的对修辞的普遍认识是，修辞是一门至高无上的艺术，它统领所有学科，引导着人类的整个文化和智力领域。在这一时期，不仅涌现了大量以教育为目的的系统修辞教科书，还出现了为满足各行各业需要的分类修辞手册。

人类历史进入到近代后，哲学界又开始对修辞学大举反攻。从笛卡尔到洛克，再到康德等哲学大家，都公开对建立在或然性基础上、缺乏严密逻辑性、包含各种说服技巧的修辞学提出了严厉的批判，将修辞描述为"推行谬误与欺诈的强大工具"。尽管他们的流派和主张各不同，但是，处在科学大发展时代的他们，共同点也很鲜明：追求普世正确真理，

1　Cicero, *De Orator*. Trans. W. Sutton. Cambridge: Harvard University Press, 1942: 320. III. xiv: 55-56.
2　Corbett. Edward P.J. and Connors, Robert. *Classical Rhetoric for the Modern Studens*. New York: Oxford University Press, 1971: 601-602.

都遵循自然科学标准衡量一切事物的逻辑实证主义，都推崇用现代科学方式获得有关物质世界的客观、确定的新知识。在这个时期，西方哲学发生了两次重要转向的第一次——从本体论向认识论的转向。所以当时的哲学家们都认为，哲学追求知识和真理，因而是客观的；而修辞学追求舆论和意见，因而是非客观的。对修辞的批判的声音一直延续到了19世纪末。

为了顺应那个"理性与科学"时代的精神，以及分工化趋势的社会特征，原本的大修辞学也主动化整为零、分散发展。由它独立出来了许多人文领域的现代学科，比如：语言学、心理学、文学批评、现代论辩学等。修辞学范围大大缩小了，写作修辞成了修辞学科的唯一专业领地，修辞学也沦为一门实践性学科。在18世纪，修辞五艺中的演讲技巧和记忆逐渐消失，只遗留下传统的觅材取材、布局谋篇和文体风格三艺。19世纪修辞学的研究重点转向了对作文的研究，修辞学也成为写作教学的代名词。自此，西方修辞学陷入三百年的衰落期。

19世纪末，尼采极度超前地指出：对于修辞学的批评是完全错误的，语言本身就是修辞艺术的产物，语言对事物的表达从来都不是完整全面的，它只显示在自己看来该事物尤其突出的某一特征，这意味着我们通过语言获得的必然只是一种"局部感知"，谈不上与事物"真相"的真正契合。他的思想直接而深刻地影响了一大批后世哲学家，为之后的反哲学运动、哲学向修辞学转向奠定了思想基础。西方哲学也迎来了第二次转向——语言学转向。哲学家开始系统地批驳以笛卡儿和洛克为代表的认识论哲学和科技理性。他们冲破科学主义对人文学科的统治，唤醒人文意识，重点关注主体与客体之间的语言。语言不再是传统哲学的一种工具，而上升为哲学研究的核心问题。

　　到了 20 世纪 50 年代，西方开始出现规模宏大的修辞学复兴运动，修辞逃脱出了单纯的文饰技巧的狭隘处境，上升为与思想共生的高度。真理和知识都是通过修辞的方式被建构的，修辞学也就顺理成章地获得了前所未有的认可、重视、复兴与发展。于是，西方哲学界又出现了哲学的修辞转向，哲学和修辞学之间的壁垒第一次被彻底地推倒，从以前长期保持的此起彼伏、有你无我、势不两立的对立状态，转变为你中有我、我中有你的交织状态。甚至哲学与修辞学还形成了结盟，并由此产生了类似修辞哲学、认知修辞学这样的新的子学科。在哲学的带领下，美学、社会学等人文、社会各学科迅速蔓延起一股"修辞转向"的潮流。

　　20 世纪新修辞学的主要倡导者理查兹分别从学科性质、研究对象以及研究目的三个方面对修辞学进行了定义，修辞学是"一门哲学性学科，其目的是旨在掌握语言使用的基本规律……是对误解及其补救的研究"[1]。而新修辞学的另一位领军人物美国修辞学家、哲学家、思想家、文艺评论家肯尼思·博克的修辞理论极大地推动了西方修辞学的复兴。博克通过强调"修辞语言就是对行动的诱发"这样一个命题将修辞和语言的功能联系起来。他指出："修辞的基本功能"是"人类施事者通过词语的使用促使其他人类施事者形成一定态度或采取某种行动"。这一功能同时也是"语言本身的一个基本功能，也就是作为一种象征手段的语言诱使对象征天生敏感的人类个体相互互作的功能"[2]。

　　20 世纪 70 年代以来西方后现代主义思潮的出现为催生修辞学这样一个超级学科提供了绝好的智力环境。修辞学被定位为一种跨领域、跨学科的宏大研究，其探索的领域囊括"以象征为手段和中介的整个人类

1　Richards, I. A. *The Philosophy of Rhetoric*. London: Oxford University Press, 1936: 7.
2　Burke, Kneneth. *A Rehtoric of Motives*. Berkeley: University of California Press, 1969: 41.

社会生活，从而在事实上覆盖了人文社科所有部门的固有疆域"。[1] 修辞是一门"关于基本建构的艺术"（an architectonic art），它使得"所有跟知、行、造相关的原理和产物获得了它们的结构形态"[2]。修辞研究往往不拘泥于任何一个具体的模式和体系，而是根据具体场合和需要对流通中的各种方法随意征用。修辞在西方学术背景之下常常被界定为"象征或象征系统借以对信念、价值、态度和行为产生影响的那个过程"，修辞研究可以采纳包括"哲学、历史、批判、实证、创造 [文学] 和教育"等方法[3]。

纵观现有以话语为导向的语言研究模式中，我们依然可以发现修辞的在场。国内学者胡曙中提出，西方修辞学对语言的使用所产生的影响尤其重大，现在研究句子层面的语言学进路，其理论灵感无不源于西方修辞学。"与当今语言研究和外语教学有着密切关系的几个研究内容，比如'话语形式和分析''交流目的、对象和情景''体裁和语篇''信息、传送者、接收者'等，都源于西方修辞学传统。这些基本研究内容的内涵经过了不同时期的开发和提炼，现成为'文体学''语体学''话语分析'等学科的主要研究内容"[4]。

一、西方修辞学的"批判转向"

作为一个术语，哲学的"语言转向"（linguistic turn）这一提法

1　刘亚猛："当代西方修辞学科建设：迷茫与希望"，《福建师范大学学报》，2004（6）：2。

2　Mckeon, Richard. *Rhetoric: Essays in Invention and Discovery*. Woodbridge: Ox Bow Press, 1987: 11.

3　Bitzer, Lloyd F., and Edwin Black, eds. *The Prospect of Rhetoric: Englewood Cliffs: Prentice Hall*, 1971: 208.

4　胡曙中："西方修辞：当今语言研究之理论渊源"，《外语电化教学》，2008（7）：48。

的首次提出者是美国哲学家古斯塔夫（Gustav），他在 20 世纪 60 年代首次提出这一概念，后来该概念经由罗蒂（Rorty）的《语言学转向》一书在学界广为流通。哲学的"语言转向"体现为哲学家对语言在人们认识世界的过程中重要作用的全新认识，一些哲学家，如罗素（Russell）、弗雷（Frege）等开始分析语言意义和认识逻辑意义之间的关系；另外一些哲学家，如格来斯（Grice）、奥斯丁（Austin）、维特根斯坦（Wittgenstein）等，则试图突破逻辑哲学和传统语义学的束缚，力图使哲学担负起解释传统逻辑学所不能有效解释的非真值条件句子这一重任。

20 世纪 80 年代，西方人文社会科学出现了令人关注的"修辞转向"。这一提法的首次提出者是美国学者西蒙斯（Simons），他在其著作《修辞转向》中提出了"修辞转向"（rhetorical turn）的基本假设，认为这是继"语言转向""解读转向"之后出现的又一重大智力思潮，引发这一智力思潮的根源在于西方称霸多年的科学主义未能解决人类所面临的重大社会和道德问题。基于对西方人文社科研究现状的分析，西蒙斯指出，进入 80 年代后，学界对"科学主义"的批判以及对真理、现实、主客体关系等的认识更系统、更深入、也更具有冲击力，其革命性远远超出了哲学的"语言转向"所引发的认识。人文学科的"修辞转向"是人们对修辞在社会现实建构过程中所发挥作用的重新认识，即"社会认知、外部存在、主体世界、所谓的'真理'等都是通过各种修辞手段被文本化的，各种界线都是被修辞消解的，客体与主体在进入话语前所存在的张力在修辞的调节下得到一定的平衡，各种文本成分聚合后所产生的张力也因为修辞的作用而被牵制"[1]。貌似客观、公正的科学描述和解释，究其实质就是各种权力主体通过对修辞的运用而对现实所进行的一种重构而已。人文学科话语的"说服和道德本质"及其内在的"解放和批判功能"在"修辞转向"智力思潮下被彰显无遗。"修辞转向"体现了人们对真理、现实、主客体关系等一系列重大问题的重新认识，是一种人文主义的回归。"修辞转向"质疑永恒的、绝对的真理的存在，认为我们的认识不可能脱离具体的社会文化语境，真理是在语言中被建构的，只有能够被说服和欣然接受的才是真理，语言对事实的所谓的客观再现只不过是自欺欺人的谎言，因为语言与权力休戚相关，不可避免地浸淫着不同的视角和动机、利益。无独有偶，当代西方马克思主义文学理论家和文化批评家伊格尔顿（Eagleton）提出的"修辞复兴"，即以研究说服为主要任务的修辞学的关注对象应该是话语体系所包容的各种政治权势的张力，这一说法更进一步印证了"修辞学转向"的存在。

20世纪人文学科的"修辞转向"是修辞学发展的新契机，无论是修辞理论还是实践都发生了深刻的变化。印度裔美国修辞学家迪里普·加翁卡（Dilip Gaonkar）提出："当代西方修辞学与古典修辞学最根本的区别就是实现了批评转向，即由传统的生成行为（a productive activity）转变为批评或解释行为（a critical/interpretatvie activity）。"[2]这一论断表明修辞学实现了由生成向批评的跨越。伴随着人文学科的"修辞转向"，修辞学也迎来了其"批判性转向"。"人文学科发生的修辞转向使

---

1 曲卫国："人文学科的修辞转向和修辞学的批判转向"，《浙江大学学报》，2008：115-116。
2 Gaonkar, Pilip P. "The Idea of Rhetoric in the Rhetoric of Science." *In Rhetoric Hermenentics: Invention and Interpretation in the Age of Science*. Eds. Alan G. Gross and Willian M. Keith. Albany: State University of New York Press, 1997: 27.

一度被边缘化了的修辞学重新获得了社会现实的关联性，而批判理论和社会理论为其重新进行社会参与提供了理论基础"[1]。这一转向的出现可以归结为两个原因：一方面修辞学力图摆脱其对强势学科的依附和对古典修辞的依赖；另一方面当代修辞学也在努力加强自身的社会关涉度。修辞学的批判性转向汲取了多元化理论，既有社会批判理论，如福柯（Foucault）、哈贝马斯（Habermas）和布尔迪厄（Bourdieu）等；又有社会构建理论，如伯格和卢克曼（Berger & Lukeman）;在研究方法上，佩雷尔曼（Perelman）的新修辞和图尔明（Toulmin）的论辩理论等都为修辞学的"批判转向"提供了很多可以具体操作的概念。西方修辞学研究者以其他学科之"道"治修辞之"身"，巧妙借助批判理论的一些基本概念来拓展传统修辞学的内涵，创立了一套与社会批判理论相结合的修辞学新方法，探索出了一系列新研究课题，如"修辞与解构""修辞与女权主义""认知修辞""修辞与阐释"等，从而"使一度被边缘化了的修辞学重新获得了与社会现实的关联，为修辞学的发展提供了新的契机"[2]。修辞学所进行不仅仅是一种哲学分析，更是一种源于深厚人文主义关怀的社会参与。修辞分析聚焦的不仅仅是文本的结果，更是修辞的过程，即人们是如何通过使用修辞手段来对一个简单事实进行社会重构，使社会现实文本化。"修辞学批评转向"对自身学科产生的最大影响是加强了修辞学的社会参与性和对权力操控话语的批判性。修辞分析无疑已经成为一种有效的话语批判和社会批判手段。

---

1 曲卫国："人文学科的修辞转向和修辞学的批判转向"，《浙江大学学报》，2008（1）：116。
2 同上，114。

二、修辞学对批评话语分析的解释力

CDA 试图揭示隐藏在话语背后的权力、意识形态与语言的关系，在这一研究取向中，语言被置于其赖以存在的社会文化背景之下，语言的社会性以及意识形态 / 权力与语言的双向关系得以突显。在批评话语分析观照下，语言这一社会符号的产生、传播和运用就被刻上了社会的烙印，赋予上了鲜明的意识形态色彩。

修辞学从其诞生之日起就被看作一门研究如何有效使用话语的综合性语言理论。当代修辞学界普遍关注的核心问题，如话语与权力、话语与知识、话语与社会秩序等，无不紧密围绕"话语"这一核心概念。随着"修辞转向"的新浪潮席卷整个西方学术界，修辞意识在人文社会科学的各领域迅速蔓延和扩散，冲破学科界限，修辞学研究的理论资源及其应用性研究成果也逐渐被引进、吸收和利用到各种不同的"非修辞"学科，并逐步趋于纵深化和泛化，形成了一个涉及学科范围广泛、研究内容更加丰富的跨学科性综合系统。修辞学表现出与语言学、文学、美学、社会学、政治学、心理学等诸多人文社会学科的紧密结合与交融，成为一门具有边缘性、跨学科性的交叉学科。修辞研究也相应进入了一个多学科、多视角的发展阶段，成为一门跨学科的多元化话语研究。"话语与修辞互为前提，内在统一。话语借助修辞的驱动与润滑来加强自身的陈述力量，修辞借助话语的表征与建构来获得合法的象征力量"[1]。在修辞学领域，修辞在社会现实文本化过程中的作用被人们重新认识，促成了修辞学的批评转向——修辞不仅蕴藏在人类的一切交往之中，而且组织和规范了人类思想和行为的各个方面，因此修辞分析可以阐明人类

---

1 刘涛：《环境传播：话语、修辞与政治》，北京：北京大学出版社，2013：78。

关系的动机。

同时，我们必须认识到符号意识的人际交流并非是简单的真知共享。由于主体之间存在着复杂的利害关系，真知的价值在主体之间的分布并不均衡，因而交流的目的往往出于利害的博弈或调适。主体间对于符号意识交流的内容和形式，即交流什么和如何交流，本身就充满了利害权衡和策略考量。

批评性话语分析是对西方人文科学的"修辞学转向"的一次积极响应和对其他相关领域进行批判性研究的基础。批评话语分析旨在分析语言、权力和意识形态的关系，揭示语篇如何源于社会结构和权力关系，又如何为之服务。从其诞生之日起，批评话语分析便为语言研究提供了一个新的方法和视野，因为它把话语看作社会实践的重要组成部分，主张从符号学的角度来理解和解释社会现实。作为一种话语分析方法，批评话语分析已经被日益广泛地应用于对各种话语的分析研究，并取得了丰硕的成果，极大地加深了人们对语言和社会之间关系的认识，其自身也在应用中获得了长足的发展。随着全球化进程的不断深入，在社会、文化教育理论方面也引发一些亟待解决的问题。在以英语为主要交流工具的当今，对话语作出批判性反应就成为必要和趋势，因为社会文化形态之间隐藏的权势和不平等关系更多是以书面的形式传播，同时让受众拥有批判性资源和能力去甄别和破解隐藏于书面和文化教育中的权势运作也成为必要。批评话语分析的领军人物费尔克劳（Fairclough, 2014）在其最新的研究中，就提出批评话语分析对政治话语的研究需要借用传统修辞学的分析工具，侧重分析那些具体的论证和推理。相比 CDA，修辞学的观念母体与文化批判理论似乎更为契合，因为修辞学作为一门有着悠久历史的人文学科，从其诞生之日起就把话语批评视为己任。不论是古典修辞学还是当代新修辞学都蕴含着我们进行话语批评的宝贵资源，这将大大丰富 CDA 的学术视野。同时，修辞学也为我们提供了审视批评话语分析自身批评实践的观念基础。

当今世界处于全球化的时代，随着信息传播渠道的扩展和传播方式的增多，传播主体的多样和传播速度的加快，语言已不再是一个可有可无的工具，而是一个无时无处无所不在的可以利用的资源。广义的话语分析也好，狭义的批评话语分析也好，都对话语以及与话语密切相关的权力、机构、意识形态、身份等问题产生了浓厚的兴趣。修辞学也不例外。国内学者李红满、王哲（2014）通过对近十年西方修辞学研究论文的统计表明，"话语"作为高频高中度关键词紧随"修辞"之后，为"政治""权力""身份"等词尾随，呈现出修辞与话语联姻的跨学科研究态势。综上所述，可以这么说 20 世纪后半叶的人文科学各领域的"修辞转向"和修辞学的"批判性转向"与批评性话语分析发展几乎同步。修辞批评作为一种系统描述、分析、诠释与评价文本所具有的说服力的研究方法，与批评性话语分析相互渗透的学术现实，尤其是现代修辞批评的意识形态转向使其与批评性话语分析有着共同的研究旨趣，就不能再对修辞学这一源远流长的学术传统同批评话语分析的联系表现出一种漠视，而应该进行深刻反思，从而为两个领域的对话和彼此的发展提供新的视角。

本书采用定性的研究方法，主要包括文献综述法和比较研究法。文献综述法主要应用于对西方修辞学中修辞和权力概念的演变、受众观念发展的流变和批评话语分析学科领域的观念基础、研究方法和知识生产过程的反思。比较研究法主要着眼于新修辞学和批评话语分析的共同研究取向。主要研究问题如下：其一，如何理解修辞、权力与意识形态之间错综复杂的关系？其二，意识形态是如何通过修辞化的方式运作的？其三，西方修辞学与批评话语分析存在哪些潜在的结合点？其四，批评话语分析自身同样是否被修辞所染指？

在当今传播形式和内容极为丰富的大数据时代，批评话语分析所提倡的质疑和批判精神无疑是值得倡导的，然而厘清学术界对于批评话语分析的有关争议具有重要的学术价值：其一，西方修辞学可以在权力和意识形态的运作方式、受众、新修辞之于批评话语分析等诸多方面为批评话语分析的理论建构提供借鉴和参考；其二，正视批评话语分析自身的修辞实践无疑对客观理解有关批评话语分析的争议有着极为重要的本体论意义。本研究通过探索西方修辞学之于批评话语分析理论构建与拓展的重要借鉴意义，从修辞与权力和意识形态的关系入手，探索了权力和意识形态的修辞运作模式；深入分析了博克新修辞之于批评话语分析的启示，同时通过引入西方修辞研究的受众概念来揭示批评话语分析自身的修辞建构，为尝试深入研究二者之间的对话和互动提供具有参照价值的操作框架。

第四节 批评性话语分析再思考

在"语言转向"和"话语转向"等智力大背景和当今后现代社会交际的新环境中，语言与社会之间的辩证关系日益受到重视，许多社会学家通过分析语言来研究社会，批评性话语分析就成为批判性话语研究的一个重要取向。20多年来，批评性话语分析取得了成果丰硕的长足发展，然而，在目前的批评性话语分析研究中，无论是在其发轫的欧美学界还是在国内学界，相关研究者之间针对批评话语分析在研究任务、方法、目的等方面不同程度地存在这样那样的争议。究竟是什么原因让 CDA 受到如此多的批评是值得研究者深入思考的，而要对这些争议有深刻的认识我们则需将其置于更为广阔的背景下来审视，这将不仅有助于深入探索其招致批评的根源，而且能使我们看清其错综复杂的格局和发展趋向。深入思考这些批评和争议，自然成为任何以推动该研究领域朝着健康方向发展为使命的研究所必须要解决的首要问题。

一、批评话语分析面临的批评

当代西方人文科学中普遍存在的反唯科学主义和反唯理主义思潮促成了语言研究领域中批评话语分析的诞生。批评话语分析要求我们将话语作为揭示意识形态的依据，但是这一通过语言分析达到社会批判的视角却饱受争议。2002年杜兰（Toolan）写下了题为"什么是批评话语分析？为何它会引起学界的非议"[1] 的文章。除此之外，很多其他学者，如威多逊（Widdowson）（1995, 1996, 1998）、斯塔布斯（Stubbs）（1998）、布洛马特（Blommaert）（2005）、维索尔伦（Verschueren）（2001）、奥哈拉兰（O'Halloran）（2003）、彭尼库克（Pennycook）（1994）、施格洛夫（Schegloff）（1997）和斯兰布鲁克（Slembrouck）（2001）、比林格

1　该文章英文标题为：What Is Critical Discourse Analysis and Why Are People saying Such Terrible Things about It?

（Billig）（1999，2008）等也纷纷将 CDA 作为批评的靶子。虽然不同学者的着眼点不尽相同，但是如果我们对这些批评进行细致的梳理，就会发现关于 CDA 的争议不外乎集中于其研究任务、研究方法和研究目的三个方面。诚然，作为一种话语分析方法，对批评话语分析的批评声音近年来从未间断，其自身仍然存在一些不容忽视的问题亟待澄清。

（一）CDA 的研究任务

CDA 的首要批评者之一威多逊（Widdowson）提出，从严格意义上来说，CDA 是以批判的态度对话语进行的一种阐释（interpretation），而并非是对话语的分析。这一阐释往往又不可避免会有倾向性，因为 CDA 分析者实际上并非文本目标读者，其阐释不能简单等同于文本目标读者的阐释。

CDA 以阐释作为其中心任务本无可厚非。不过，阐释与描写有很大不同，阐释常常是仁者见仁，智者见智，很难达成比较一致的判断和看法，当然也更容易引起争议，甚至招致批评。离开了阐释的批评就如同无本之木。和描写相比，阐释似乎是一种"风险投资"，因为人们总是倾向于在文本中找到自己希望看见的东西，所以但凡阐释似乎都难以逃脱"先入为主"的魔咒。以往的语言研究也多对阐释采取敬而远之的态度。然而，我们必须看到，CDA 的阐释自然不可避免会显示出其偏好性，但其真正价值并非是为我们提供唯一正确的阐释，而是为文本的阐释开辟又一种可能性，从而揭示话语中可能隐含的，尤其是已经"自然化"（naturalized）了的价值观和意识形态意义。很明显，这样的阐释无疑有着强烈的社会政治关怀。

不可否认的是，CDA 的问题就在于它对于其文本阐释的态度，即将其文本阐释看作是唯一正确和唯一重要的，对文本阐释的其他可能性视而不见，从而关闭了不同阐释的可能性，往往不知不觉中在批评他人"话语霸权"的同时自己却成了另一种"话语霸权"的实践者。CDA 的实践者们需要明确的是，没有阐释的多种潜在可能性，我们今天就不会看到包括 CDA 在内的各类话语分析发展的广阔空间，话语分析也不会呈现出当前这种多维度、多视角、多路径的跨学科和超学科研究格局。毋庸置疑，随着研究内容的不断深入和研究范围的不断扩大，阐释将会在话语分析中扮演更重要的角色。

（二）CDA 的研究方法

批评和质疑 CDA 的声音更多地指向其阐释的依据和获取这一依据的方法。首先，针对 CDA 分析的语料就有学者提出质疑：CDA 只锁定符合自己研究目的的文本，采取先入为主的做法，而并非扎根于语言分析；其次，CDA 的分析方法不严谨，缺乏客观性和科学性。CDA 认为普通读者不大能注意到文本中隐含的意义，他们对文本特征的关注有很大选择性和随意性，自认为能够通过语言分析将其揭示出来。但事实上，CDA 分析者同样会受自己的研究动机和目的影响，有选择地筛选某些文本特征来分析，对意识形态的解读也往往缺乏足够的语言证据来支撑，难以令人信服。同时在其分析过程中对语境（包括受众在内）的忽视也常常成为学者攻击的对象。虽然 CDA 承认语境对话语的决定性作用，但大多没有落实到自己的分析实践中，未能将文本"语境化"。

显然针对 CDA 的一些批评是有失公允的。一些批评者甚至认为不同的读者选择关注的文本特征不同，因而批评话语分析应该建立一套明晰的分析方法和程序来确保阐释的客观性。他们虽在口头上声称反对实证主义和科学主义，可在实际操作上又力图显示其阐释是由文本实证研究支撑的，强调其语言分析的严谨性，同时能清楚地显示阐释所依赖的语言事实基础。对于这样的指责和批评我们应该有客观清醒的认识。首先，阐释是不能够通过可重复、可验证的程序和方法来获得的。文本描写和阐释之间的联系往往是间接的、复杂的和难以把握的。任何阐释都不可能从文本中直接"提取"，而是读者对文本材料进行积极"建构"的结果。CDA 的问题并非在于其方法是否严谨、客观，而是明知阐释不可避免会先入为主，却依然摆出一副严谨、科学的姿态，并且认定文本必定会沿着他们解读的路径操控普通读者，从而造成"强制阐释"；其次，语料的选择通常取决于研究者想要验证的某个假设，选择语料时丝毫不带先入之见似乎也是不可能的。虽然，在语料的选取上，以实证研究为导向的语言研究自认为能保证足够客观性的方法和程序，从而将研究者先入之见的影响减少到尽可能低的程度，但这样的语料选择方法和程序对 CDA 可能并不适用，因为毕竟 CDA 从其诞生之日起就表明自身的明确政治倾向和目的，拿什么语料作为分析对象绝不可能是任意的、随机的。

事实上，话语分析作为结合语境的文本分析，不大可能从文本语料中直接推导出来决定意义阐释的前提假定和许多语境因素，因为相比文本分析，语境分析更难以操作。文本（尤其是书面文本）是静态的、稳定不变的，而语境则是动态的、难以控制的。因而从这个意义上说，阐释必然是文本、语境、阅读动机等因素相互作用的结果。同一文本，如果语境和动机不同，即便是对同一文本的阐释也有可能不同。那些与语境和动机相关联的文本特征在解读过程中得以激活，无疑，CDA 的阐释是加入了分析者自认为相关的语境和动机之后的产物，但却常常假定意识形态已然存在于文本中，似乎唯有他们这样的专家才能揭示出来。当然这种做法背后的深层次原因有两个：一方面可能是为了显示其文本分析有足够的客观性、科学性以及权威性，另一方面似乎是有意无意地要回避难度更大的语境分析。

（三）CDA 的研究目的

毋庸置疑，CDA 在研究过程中大量吸收法兰克福学派的社会批评理论，尤其是该学派第二代杰出代表哈贝马斯关于规范和民主政治的论述，阿尔杜塞和葛兰西的新马克思主义观，福柯的话语观和权力观，布迪厄对语言、文化和社会的论述，吉登斯的结构化理论和当代社会本体论以及巴赫金的对话理论等等。CDA 的实践者明确将批判理论和文化研究作为其重要思想来源，同时也深信这一研究取向可以改变不公正的社会现实。

根据 CDA 所植根的批判理论，人文社会科学研究归根结底不可能不关涉价值，因为人文社会科学的研究对象——社会生活本身就充满着价值的差异甚至冲突。存在于政治和价值真空的"纯学术"在现实生活中似乎是不存在的。作为人文和社会科学的研究者，面对现存的不合理、不平等、不公正社会政治结构，我们不能采取默许的态度，投身于所谓的"价值中立""不偏不倚"的研究，而应该在政治上更有担当和作为，正如 CDA 实践者所提倡的，在正义和非正义，公理和强权，平等和不平等之间，CDA 必须做出选择，必须旗帜鲜明，而 CDA 的意义正在于采取一种立场。

不可否认，CDA 所面临的一些问题，一直广泛存在于文学批评和一般意义上的话语分析中。对于围绕 CDA 的批评和争议，我们必须通过考察其产生的语境，唯有这样我们才能对 CDA 的批评和争议有着客观清醒的认识。我们不能否认 CDA 所引发的批评和争议，实质上就是包括语言研究在内的人文社会科学范式在转换过程中所必然经历的观念碰撞和冲突。语言学虽向来以自然科学研究为典范、力求成为追求价值中立和客观性的学科，然而在经受了以批判社会、影响社会甚至改造社会为己任的文化批判理论的洗礼之后，其自身注定会充满了矛盾：虽然一方面，在本体论和认识论意义上似乎与实证主义传统划清了界限，然而，在方法论上却似乎难以与实证主义传统彻底决裂，时常摇摆和徘徊于不同范式之间；另一方面，学界已然习惯性地沿用科学客观主义的标准，来衡量 CDA 这个以阐释为中心任务、批评为主要目的的研究取向。

二、小结

作为一种社会符号，语言的产生、传播和运用具有深深的社会烙印和鲜明的意识形态色彩。CDA 主要借助权力、意识形态的相关理论来揭示隐藏在话语背后的权力、意识形态与语言的关系。在这一研究进路下，语言同其赖以存在的社会文化背景之间的关系受到了前所未有的重视，其社会性以及意识形态 / 权力与语言的双向关系得以突显。

　　"修辞转向"使得修辞意识成为引发人文社会科学诸多领域创新型研究的新抓手，同时也打破了不同学科之间的壁垒，"非修辞"学科对修辞学研究的理论资源及其应用性研究成果的青睐使得自身学科的研究逐步趋于纵深化和泛化。当代所理解和实践的修辞研究，与语言学、文学、美学、社会学、心理学、哲学、认知科学、社会学、人类学以及政治学等都有联系，全然处于一个跨学科的基体之内。修辞所探讨的基本问题，使得整个认识领域都与批评实践密切相关。

　　批评性话语分析是对西方人文科学的"修辞转向"的一次积极响应和对其他相关领域进行批判性研究的基础。随着全球化进程的不断深入，在社会、文化教育理论方面也引发一些亟待解决的问题。在以英语为主要交流工具的大数据时代，对话语作出批判性反应成为时代的内在要求，因为社会文化形态之间隐藏的权势和不平等关系，更多是以话语的形式传播，让受众拥有批判性资源和能力去甄别和破解隐藏于话语和文化教育中的权势运作也成为必要。相比 CDA，修辞学的观念母体与文化批判理论似乎更为契合，因为修辞学作为一门有着悠久历史的人文学科，从其诞生之日起就把话语批评视为己任。批评话语分析的语言特征主要包括"词序、词汇风格、修辞、句法结构、话题选择"等 [1]，而这些无一不在修辞学所关注的范围之内。不论是古典修辞学中关于修辞和权力的思考，还是关于修辞发明的论述都蕴含着我们进行话语批评的宝贵资源，同时新修辞学的主将博克和佩雷尔曼的修辞理论也将大大丰富 CDA 的学术视野。修辞学深厚的学术积淀为我们提供了审视批评话语分析自身批评实践的观念基础。

1　　Van Dijk, Teun A. *Ideology: A Multidiscilipinary Approach*. London: Sage Publications, 1998: 99.

第二章

修辞、权力与意识形态

第一节 批评话语分析所关涉术语的内涵

CDA 作为一种"实践取向"的研究，希望通过语言研究来实现社会文化维度的变革，凭借其开放的研究途径和方法、多样化的理论基础以及宏大的政治理想，CDA 成功地为其研究者绘制了一个话语分析的宏伟蓝图。然而，其核心概念长期以来缺乏统一、合理的界定。在厘清了有关批评话语分析的核心争议所产生的大背景之后，结合哲学、社会学知识重新探讨 CDA 中的"批评""意识形态"和"权力"三个核心概念自然构成了本书的第二个重要研究任务。

一、批评的内涵

毋庸置疑，批评话语分析中的"批评"（criticism）的概念源于西方文化和学术语境，这一概念的形成深受 18 世纪在欧洲兴起的启蒙运动和更早的希腊哲学的影响。"批评"不是指盲目地接受已有的论点和观点，而是进行理性的分析和判断。"批评"作为一个术语，在社会科学和人文学科的不同分支学科里的含义是不完全相同的，即使在语言学领域里的话语研究中，"在看'批评'的角度和使用'批评'的方法方面也存在不同甚至矛盾"[1]。由于研究者的出发点各不相同，"批评"这个概念在不同文献中的含义有所不同。

从词源上看，英语中"批评"一词的希腊语（kriticos）和拉丁语（criticus）词义都是指"审察"和"辨析"。在英语和其他欧洲语言中，"批评"往往和"监控"（censorious）和"诋毁"（denunciatory）联系起来。但是从专业的角度来讲，"批评"至少具有"认知"和"交流"的含义。前者表明进行批评就是从事理性的概念化活动，后者表明进行批评就是从事对话性的社会活动。

"批评"在《现代汉语词典》（修订版）中有两个意思：一个是"指出缺点和优点；评论好坏"，另一个是"专指对缺点和错误提出意见"[2]。在《牛津英语词典》中，"批评"被定义为"判断，尤其是负面和不利的评判，吹毛求疵"苛求""[3]。通常，Critical/Criticism 表达一种否定的意义，与表扬相对，有时表达兼具肯定和否定的评论意义（如文学、电影、音

---

1 Locke, Terry. *Critical Discourse Analysis*, New York: Continnum, 2004: 26.
2 中国社会科学院语言研究所词典编辑室：《现代汉语词典》（第六版），北京：商务印书馆，2012：962。
3 Simpson, J. A. and Weiner. The *Oxford English Dictionary*. 2nd. Oxford: Oxford University Press 1989: 30.

乐及戏剧批评）。

　　福勒（Fowler）曾援引康纳顿（Connerton）的话说："批评试图改变甚至消除被认为是造成不真实的或虚假意识的条件，使此前被遮蔽的东西显现出来，进而开启个人或群体的反思过程，从以往的压制和支配之下获得解放。"[1] 批判话语分析的代表人物奥地利学者沃达克（Wodak）对"批评"的定义更具体："从根本上，'批评'指的是在研究中与资料保持一定的距离，把它放置于社会关系中，采取明确的政治立场，同时注重自我反思。"（2000：34）"批评暗含着揭示语言背后潜藏的关联与原因。"（Fairclough，1992：9）沃达克认为批评是对复杂现象提供解释。批评是一个与社会实践和社会变革紧密相关的概念，它不仅意味着要揭示话语的意识形态功能，同时还肩负引发社会变革的重大使命。

　　以费尔克劳（Fairclough）、沃达克（Wodak）、范·戴克（Van Dijk）、斯考伦（Scollon）、洛克（Locke）等国外学者的阐述为基础，本书将"批评"在批评话语分析中的含义总结为以三点：

　　1. 批评意在揭示话语与权力之间错综复杂的关系，从而揭示话语中潜在的意识形态意义；

　　2. 批评意味着话语研究者要对自己的立场进行反思；

　　3. 批评具有解放的性质，因此批评要具有终极人文关怀，要实现社会变革。

1　Fowler, Roger. *Notes on Critical Linguistics*. In R. Steele&T. Threadgold(eds.) Language Topics: Essays in Honer of Michael Halliday. Philadelphia: John Benjamins, 1987: 283.

二、权力的内涵

　　作为人类社会生存和发展的一股不可或缺的力量，权力自古以来当之无愧地成为政治哲学中的一个核心概念和研究热点。"权力"（Power）一词在社会科学研究领域被广泛运用。关于权力内涵的争论贯穿人类漫长的历史发展进程。学者们分别从不同角度对权力进行了解读与诠释。罗素曾在20世纪初期指出："权力概念之于社会科学，犹如能量概念之于物理学。"继罗素之后，21世纪初的一些学者，也认定权力乃是整合人类学、心理学、社会学、经济学、政治学，以及历史学等学科的核心概念。权力现象的研究虽然源远流长而历久弥新，但迄今为止，"权力"是一个非常模糊的概念。古往今来的众多研究者，通常在"众人皆知权力意义"的假定下，迳行分析而不加以明白界定，然而作为本研究的一个关键术语，对其进行界定与厘清却是我们进一步探讨修辞、权力与意识形态关系的基础。

　　在西方语言中，与"权力"对应的词是power，该词来自法语pouvoir，它源自拉丁文potestas或potentia，两者都源自表示"能够""能力"的动词potere，同时该词可以引申为"影响他人或他物的能力和力量"。在现代汉语中，"权力"则为：（1）政治上的强制力量；（2）职责范围之内的支配力量。汉语"权力"的词源含义较为复杂："权力"常常被等同于"权"。若从词源含义上考察，指的是一种测定物体重量的器具，后引申为表示"衡量"的动词。"权"因其能够决断轻重而具有某种"控制力、影响力、能力和力量"之含义，后又被引申于社会人际关系。"权力"一词将"权"和"力"并置，就使这种蕴含的意义突显出来，表示一个人影响和控制他人的能力和力量。

政治学的权力概念和社会学的权力概念有所不同：政治学的权力更多的是国家权力，依赖于制度和职位，具有强制特性；而社会学的权力则指的是社会权力，即社会主体凭借所拥有的社会资源对社会和国家所具有的影响力和支配力，不具备强制性，更多的是影响力特性。

国家权力和社会权力是一对历史概念，社会权力先于国家权力而产生，而国家自诞生起就成为最重要的社会组织和控制力量；在早期国家与社会一体化，权力主要体现的是国家权力；随着市民社会的形成，社会权力逐渐被唤醒，社会权力和国家权力处于相互依存又相互制约的状态。国家权力以社会权力为基础，借助社会权力加以贯彻实施；社会权力以国家权力为保障，国家权力是社会权力的重要巩固手段。而与此同时，国家权力与社会权力又是相互制约的，在人类社会早期，国家权力集中垄断的方式限制社会权力的发展；而随着社会不断发展到高级阶段，社会权力得到长足的进步和发展，社会权力逐步成为制衡国家权力的重要力量。

从政治学的角度看，权力在本质上是一种强制性力量，主流的权力观认为，权力是一种可以改变对方行为的强制力量，本质上是指主体对客体的强制性作用，卢梭认为"国家权力"是"一切个人力量的联合"，是"一种普遍的强制性力量"。

在学术界颇为流行的一种理论主张权力是一种达到特点目标和获取利益的能力和资源，即占有社会资源的能力，它强调权力的合目的性和趋利性；从权力的本源内涵为基础来解读权力，即权力是一种能力或力量。自亚里士多德以降的很多学者，从洛克、卢梭，到韦伯再到布劳，都从相同的进路来阐释权力，即将权力视为"将自己的意志强加于他人的一种力量体现或能力"，在他们看来权力最显著的特征是强制性，其核心要素是能力或力量。特伦斯·鲍尔认为："权力基本上是指一个行为者或机构影响其他行为者或机构的态度和行为的能力。"[1]马丁也从影响力的角度来界定权力："从最一般的意义上讲，权力指由对象、个人或集团相互施加的任何形式的影响力。"[2]

马克思主义的权力观认为，权力就是一种维护统治阶级利益的国家强制力量，它强调权力的阶级性和强制性；权力是社会中统治阶级意志的集中表现，既是阶级斗争的工具，也是阶级斗争和政治斗争的目标和结果。权力的载体是国家的暴力机器，主要指政府官僚机关、法院、警察和军队。

权力理论中源远流长而又不容忽视的一种解释是"权力是一种满足人性欲求的工具"。这一从人性的角度对权力进行解读的代表人物是马基雅维利和霍布斯。在他们看来，对自身利益的诉求构成了人性的基本动机。权力还被看作是结构的产物和体现，该流派的主要代表是塔尔科特·帕森斯、吉登斯等。他们主张从结构功能主义角度来对权力进行解读，认为权力不是单个行为者意志、目的或欲望的产物，而是"非人格的社会"+"结构"的产物和属性。在他们看来，社会——具有自我维持的结构是所有经济制度的共同特征，而其个体只是作为可相互转换、易替代的"角色承担者"而存在。

从社会学角度来看，权力在不同主体之间的配置根据人们对国家和社会关系形态的认知不断深化而变化。人类早期历史里，国家社会一体

1　[英]戴维·米勒，[英]韦农·波格丹诺：《布莱克维尔政治学百科全书》，邓正来主编，北京：中国政法大学出版社，2002：595。
2　[英]罗德里克·马丁：《权力社会学》，丰子义、张宁译，北京：生活·读书·新知三联书店，1992：56。

化，真正意义上的社会未形成，国家垄断一切社会资源和权力，基于"天命论"和"君权神授"等思想，君主得以成为国家权力的最高拥护者，国家权力高度集中于一人之手；近代社会，随着资本主义的诞生和发展，人们对权力主体的认识发生重大转变，典型代表为洛克、霍布斯和孟德斯鸠的古典分权理论。他们主张在国家内部以权力制约权力，权力开始从垄断集中走向制衡分散（霍布斯的君主—议会政府二分理论，洛克的立法、行政和对外权的三权分立，孟德斯鸠的立宪立法、行政和司法的三权分立。）马克思认为国家和社会存在着矛盾和对立，国家的消亡经历着政治国家向非政治国家的漫长过渡时期，当国家权力回归社会时，国家和社会之间的对立方可消除。政治力量向社会力量回归是人类解放的必要条件，权力必然会从国家走向社会，进而走向人类解放的共产主义。

韦伯从社会科学的角度赋予权力概念较为精确含义："权力意味着在一种社会关系里即使遇到反对也能贯彻自己意志的任何机会，不管这种社会关系是建立在什么基础之上。"[1]在他的权力概念中，权力主体明显发生了扩大化，除了国家、政府之外，社会关系中的行动者也被纳入权力主体的范畴。明显促进了权力由国家向社会的转变。

随着后现代主义成为一种颇有影响力的思潮之后，权力成为亟须重新探讨的概念，对权力的解读完全摆脱了上述三种视角，而开始发生了本质的变化：权力是一个关系概念，一个具有多元性、分散性、非中心化等特征的网络关系。"权力"的含义不再固定，而是不断滑动的。在后现代社会，社会与国家产生分离，社会高度分工，政治权力的中心

---

1 王海明："权力概念辩难"，《西南民族大学学报》，2010（5）：74。

地位开始动摇，社会组织和个体渴望恢复自身的社会主体地位，进而参与社会活动和资源配置。

后现代社会学家普遍关注社会权力，重点探讨社会权力的形成体制、结构原则和运行方式。权力概念从"强制学说"变成"能力学说"，认为权力是人影响周围环境的能力，权力主体扩大为社会关系中的行动者（个体和机构）。后现代社会学主张进一步淡化权力主体，重点体现权力的发散特性，并试图利用社会权力制衡国家权力。在社会学理论中，权力概念不断经历着由国家权力中心转向社会权力中心、从集中走向分散、从宏观到微观的变化过程。

布尔迪厄认为权力是贯穿一切场域并拥有决定性作用的力量，而场域（field）为各种位置之间存在的客观关系的一个网络（network）或构型（configuration）；每个社会行动者都身处于一定的场域当中，都是权力的拥有者或权力的主体，每个人都运用权力影响周围环境，满足自身利益需求；每个人想要获得利益必须进入相应的场域争夺资源，资源争夺能力由行动者所处的位置决定，资源之争本质上是位置之争，场域不仅仅是关系场，更是权力场。

吉登斯认为权力是群体或个体使自己所关心的利益受到重视的能力，权力是一种要素，几乎在所有的社会关系之中，而政府权力仅仅占所有权力的一小部分。权力是行动者自主性的表现，是人类行动的普遍特征和人之所以为人的基础。

在后现代主义群体中，福柯是领军人物，他的权力理论博大精深，影响尤其广泛，他本人甚至被称为权力哲学家。福柯从后现代主义和相对主义的理论立场出发，对权力内涵的探求始于对传统权力理论的批判。

福柯的权力观是多视角、多层面的。他的"微观权力学"抛弃了传统政治意义层面的权力的暴力品质，如压制、笼罩、禁止、否定。相反，权力产生于话语机制，而且存在于关系中，权力永远是关系中的权力。福柯的微观权力理论认为：权力没有主体和中心，它是无处不在的，权力通过规训机制来实施统治，遍布整个社会肌体的毛细血管当中。权力是一种约束和规制人的复杂网络和微观社会结构，它强调权力的微观特性和结构特征，是对传统主流权力观的一种消解。现代社会是一个由各种规训和关系组成的全景监狱（Panoption），权力是无处不在的，每一位社会成员都会受到规训的影响。规训则是一种把人既当作操作对象又当作操作工具的权力的特殊技术。

从上述几种代表性观点看，各种解释之间虽然存在着区别，但是，他们的共通之处在于将权力视为存在于社会关系中的一种控制、强制、制裁、影响等。综合上述分析，本研究赋予"权力"概念如下定义：所谓权力，是指为了实现某种预期效果，在社会行动中利用各种资源或各种手段，影响、控制、操纵与支配他人的一种社会关系现象。

三、意识形态的内涵

"意识形态"作为一个哲学和文论概念，它的内涵随着时代的变迁也日趋复杂且宽泛，以至始终无人能做出一个普遍公认的圆满界说。这个概念最早于 1796 年由法国经济学家、哲学家特拉西首先使用，是指考察观念的普遍原则和发生规律的学说。该词的原意是"观念的学问，即追溯观念产生于对外界事物的认识的学问"。[1]特拉西的一个重要的目的就是创立一门基础性的哲学理论——"观念学",他最具影响力的作品——《意识形态的要素》一书有着明显的教育方面的目的,也体现出他为之付出的努力,奠定了其在意识形态研究领域极其重要的奠基者和开拓者地位。他认为意识形态是作为一切经验科学基础的"第一科学"。如果能够透彻地获得并且进一步系统、深入地剖析这些观念,就可以为一切科学知识提供坚实基础。通过对观念和感知的谨慎分析,意识形态可以通达人性,从而使社会与政治秩序可以根据人类的需要与愿望重新加以安排。因此意识形态一经产生便具有了认识论和社会学的双重含义。

作为政治学、经济学、伦理学、教育学等众多学科的基础,意识形态不仅是社会的理论基础,而且还负有社会使命。特拉西努力以社会和政治的改良为意识形态的主要目标,致力于将自己从"理念的科学"中获得的知识应用于推动全社会的进步,为理性统治做好准备,并进一步改善人类的生活,甚至拯救人类。由此可见,意识形态在最初的意义上是一个积极的、进步的概念,是作为一个肯定性的概念加以塑造的。拒绝任何天赋观念的特拉西,不仅主张批判非理性、形而上学和宗教思想等,而且主张共和政治与言论出版自由等,体现出一种顺应历史发展、自由革命的进步思想。

然而,当特拉西的意识形态理论被当作一种新的政治理念乃至一种社会改造方案推行到社会实践领域中,就不可避免地触动甚至损害了统治阶级的一些利益,遭到了来自现实社会中不少人乃至统治者的极力反对。首先向意识形态发难的是法兰西第一共和国执政、法兰西第一帝国

---

1 冯契、徐孝通:《外国哲学大辞典》,上海:上海辞书出版社,2000:893。

皇帝拿破仑·波拿巴。在拿破仑对意识形态的诸多指责中，最为根本的是将其归结为一种激进的、危险的政治情绪，"'意识形态'这一贬抑用法——表示知识上贫乏、实践上的愚昧，更为特别的是作为一种危险的政治情绪——大有挥之不去的态势"[1]。因为拿破仑的强大影响力，意识形态这一词汇的轻蔑、否定的用法便在 19 世纪上半叶流行开来，并对后来产生了深远的影响。正如曼海姆所说："当拿破仑发现这个哲学团体反对他的帝国野心，从而轻蔑地称这批人为'意识形态专家'时，现代的意识形态概念便诞生了。因此，这个词带上了贬义，像 'doctrinaire'（空论家）这个词一样，一直把这样的贬义保留至今。"[2] 从此，意识形态由一个被注入了很高的道义价值与使命感的、肯定性的技术概念，逐渐变成包涵盲目自信、夸夸其谈、华而不实等贬义性甚至污蔑性含义在内的否定性概念，Idéologies 这个法语词汇不仅在法国而且在全欧洲都被赋予了"意识形态家"与"空想家"的双重含义，并影响了后来包括马克思在内的很多人。

意识形态概念在马克思、恩格斯那里作为一种批判手段和理论框架获得了新的地位。意识形态这个概念，常常被看作是通过颠倒社会生活的形象来反映现实，因而被比喻为照相机的 "obscura"（暗箱、投像器）[3]。意大利马克思主义理论家葛兰西指出："意识形态是一种不清晰的'观念'，而观念是隐藏在社会活动中的一种模糊的理论前提，它作为对世界的一种看法，模糊地出现在艺术、法律、经济活动及个人和集体生活

1　［英］大卫·麦克里兰：《意识形态》，孔兆政、蒋龙翔译，长春：吉林人民出版社，2005：4。

2　Mannheim, Karl. *Ideology and Utopia*, London: Routledge, 1955:64。

3　Thompson, John. *Studies in the Theory of Ideology*. Berkeley: University of California Press, 1984:16.

的所有的表白中。"[1]

马克思之后，意识形态有批判性概念逐渐转化为中性化。一切知识被看作意识形态的，意识形态与特定党派立场区别开来。意识形态概念完成了中性化的蜕变：它不再以揭露与批判为目的，而是分析处在社会之中的为集体共有的社会观念和思想体系。在社会实践中意识形态常常等同于"理所当然的存在"，它借助"常识"来以一种潜移默化的方式影响人们的思想观念和行为，从而实现维系社会中现存权力关系的目的。意识形态对社会实践的影响往往是隐蔽的，而且其效果通常与其隐蔽性成正比。因为一旦被觉察出来，其作为"常识"而发挥作用的内部机制就遭到破坏。马丁·塞林格（Martin Seliger）给意识形态下了一个比较权威的定义：意识形态是"用价值句、鼓动句及解释句表达的信念群和非信念群。……意识形态形成的目的是在道德常规和一定量的事实，以及自我意识到的与理性一致的基础上长期为一群人证明那些确保某一秩序的维持、改革、摧毁甚至重建的实施手段和规定的合法性"[2]。意识形态是一个价值、观念系统，它影响甚至支配着人们的观念和行为。Seliger 认为，意识形态是缊含行为倾向的信念体系，它们组织成连贯的系统，规定了什么是对、什么是错，规定了人们如何遵守、如何调整以适应环境。人们依靠意识形态来设计、支持具体的政治行为，制定日常政治事物的有关政策[3]。

意识形态与人类的兴趣相关，是从某一特定兴趣的角度对'世界'的表述。通过分析意识形态概念史，汤普森保留了马克思意识形态概念

1　Fairclough, Norman. *Analysing Discourse: Textual Analysis for Social Research*. London and New York: Taylor&Francis, 2003:73.

2　Thmpson. 1984:79.

3　Thmpson. 1984:78-79。

的界定性特点——支撑统治关系的标准，关注到象征形式作为载体在服务与建立维持统治关系的作用，提出了一个批判性的文化意识形态概念。汤普森认为，意识形态现象就是在"特定社会——历史环境中服务于建立和支撑权力关系的象征现象"[1]，他从意识形态与权力的关系这个角度来定义前者："我将论证意识形态这个概念可用来指意义在特定情况下为权力服务、帮助确立和维护不对称权力关系的方式——我把这种权力关系叫做'支配关系'。广义上，意识形态就是服务于权力的意义。"[2] 意识形态以象征形式为载体发挥作用。象征形式是指具有意义的建构物的一大批行动、言辞、形象与文本。象征形式之所以与意识形态相伴而生，源于其两大特征：首先，象征形式包含着主体所追求目标的表述，并通过心照不宣的规章、规律、惯例等知识的使用完成象征形式的生产、接收和使用。其次，象征形式的生产、传输和接收总是在具体的历史进程中进行的，只有通过这些背景中权力关系、权威形式等超越象征形式内部结构的分析，才能准确把握象征形式。

英国文化研究的领军人物霍尔也有类似的观点，他认为，"（意识形态）就像那些想当然的文化法则，……使意识形态的主体和消费者识别已知的事物，并赋予现实以一种想当然的地位。意识形态……把取决于历史条件的社会关系呈现为自然的、不可避免和永恒的真理。……意识形态也把其前提伪装成为已知的事实。当事件和实践活动被表述得好似非历史性真理（即永恒真理）时，有问题的事件和情况会被塑造成为没

1　Thompson, John. *Studies in the Theory of Ideology.* Berkeley: University of California Press, 1984: 62.
2　同上 172。

有问题的、以社会的'自然'术语描绘的现象。"[1]我们认为汤普森从意识形态与权力的关系来定义意识形态，与本研究对修辞、意识形态和权力的密切关注最为契合。因而本研究将意识形态看作伴随语言、文本和话语而存在的一种必然的实践。只要有社会团体和组织联合起来，申张并合法化自身的权力，意识形态就会存在。同时意识形态也存在于反抗滥用权力的辩论与斗争之中。意识形态是社会群体成员共同观念的社会再现，既塑造着社会群体的态度，又影响着个人观念，控制着社会实践和话语。

第二节 修辞与政治

事实上，中西方对于"修辞"（rhetoric）这一术语的界定和理解存在着相当大的分歧。中国的修辞研究虽具有悠久的历史，但修辞学的发展却到 20 世纪才初具雏形。古代关于修辞的论述涉及修辞的原则、修辞的对象、修辞与题旨情景等根本性的问题，但这些论述多是局部、微观的研究，而且散见在各种文论、随笔和评点之中，没有进行系统整理。中国传统修辞学的标志——南宋的《文则》可以说是古典修辞学的集大成者，该书对于用词造句、修辞格、风格、谋篇均有论述，但着重的是关于修辞学的各个具体方面的描述。在中国话语中流通的"修辞"致力于对各种修辞格（figures of speech）功用的考查和分析研究，以期借助

---

1 Makus, Anne. "Stuart Hall's Theory of Ideology: A Frame for Rhetoric Criticism". *Western Journal of Speech Communication*. 54.4(1990): 499-500.

语言来更准确、更生动地传递一个先已存在的思想。也就是说，修辞更多地停留在"文采"或者"语言风格"层面，并且试图借助一定的象征手法来传递指涉对象"不在场"时的原始意义。西方修辞学古已有之，自成体系。从公元前6世纪的智者派到柏拉图和亚里士多德，从修辞术的发现到修辞学的建立，这门学问成为西方教育的最初形式，是西方民主制度运行的手段和社会文明发展的动力。中国修辞学不同于西方修辞学，自古以来就注重系统性，注重理论框架的建构。

　　西方的修辞学研究一直深受古希腊、古罗马的传统的影响，其核心是研究听众心理的构成因素及其与劝说的关系。作为一门古老的人文学科，修辞传统上一直被等同于"说服的艺术"，它的出发点是命题的可信性或可能的几率。在亚里士多德那里"修辞是一种能在任何问题中找出可能的说服方法的功能"。也就是说，修辞包含三个核心元素——修辞者、受众和话语（三者之间的关系如图2所示），三者之间的构成关系可以简单地表述为修辞者借助象征手段来组建一定的劝说策略，并将其悄无声息地整合进特定的话语陈述系统中，进而使修辞与话语之间形成某中复杂而暧昧的交融关系。修辞与话语之间的关系可以这么来表述，"一方面，话语借助修辞的驱动与润滑来加强自身陈述力量和认同力量；另一方面，修辞借助话语的表征与建构来获得某种合法的象征力量和表达力量"[1]。

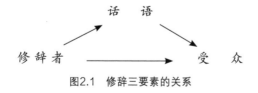

图2.1　修辞三要素的关系

1　刘涛：《环境传播：话语、修辞与政治》，北京：北京大学出版社，2013：126-127。

　　修辞在古希腊时期受到整个社会的广泛推崇，到古罗马时代对修辞的崇拜达到了登峰造极的程度。进入中世纪以后，随着古典民主制度和机构的式微、基督教的崛起，以及宗教教义对思想和言论的排他性支配和绝对控制，修辞实践的社会条件发生了深刻的变化。尽管如此，西方世界对雄辩的崇尚并没有发生实质性的变化。修辞从其最为得心应手的政治、法律等领域不露声色地转向在新秩序下最为社会所推崇的宗教领域，在支撑和发展传道、布道、论道及其相关的人才培训等当时压倒一切的兴趣方面，照样发挥其无可比拟的核心作用。进入文艺复兴时期之后，修辞的中心地位再次得到肯定和张扬，古典修辞思想和理论的回归成为这场文化更新运动的核心组成部分之一。然而，以启蒙运动为先导的理性主义和科学思想的崛起，将与其认识论与观念基础大相径庭的修辞树立为批评和改造的对象。随着新思潮对传统修辞思想的不断冲击，18 世纪之后西方社会对修辞的态度逐渐发生了深刻的变化。修辞思想和方法所享有的中心地位被哲学和逻辑取而代之。当 20 世纪来临之时，修辞已然沦为专司语言表达、润色以及对各种修辞格进行收集、命名、整理和分类的工作。然而到了 20 世纪上半叶，伴随着宽松的智力环境和巨大的社会需求，修辞学这门古老的学科获得了史无前例的发展机遇。修辞学不仅收编了其传统研究科目演说研究，而且开始将注意力投向人类的各种话语行为。当代西方修辞"已经超出了选词、择句、文采、语言风格等范畴，而是强调劝服、语言运用、公共动员、演说策略等范畴"[1]。修辞思想的新浪潮席卷了整个西方学术界，形成了"以哲辩思想、互动

1　Bizzell, Patricia, and Bruee Herzberg. eds. *The Rhetorical Tradition: Readings from Classical Time to the Present*. Boston: Bedford Books of St. Martins Press, 2001: 1.

观念、话语论理意识为基本特征的理论形态"。[1]西方修辞学在 20 世纪实现了另一场凤凰涅槃的复兴，成为一门跨学科的重要学问。

西方修辞学就是西方文化的框架内以及西方话语实践的过程中，对人类演说进行的反思、探索、总结和抽象。当代西方修辞学的发展，已经冲破了其传统范畴的束缚，成为哲学、传播学、政治学、社会学等领域炙手可热的研究话题，一个重要的教育和研究领域，一门主要的基础学科，一门事实上将整个西方人文和话语领域囊括其内的超级学科。

西方当代的修辞史学家通常将公元前 5 世纪看作古典修辞术诞生的时间节点。西西里（Sicily）的叙拉古人科拉克斯（Corax）和提西阿斯（Tisias）被公认为修辞技艺的鼻祖。西方修辞学史中颇为流行的叙事是：公元前 5 世纪间，因无法忍受独裁者的暴政，西西里人推翻了其统治，建立了民主政体。于是，民众纷纷涌上法庭要求收回被侵占的私有财产。帮助平民们证明自己合法要求的诉讼师便应运而生，他们归纳总结了一些在法庭中胜诉的相关技巧便于人们学习掌握，从而开启了修辞术研究和学习的先河。事实上，最早的修辞术就是关于法庭演说（judicial rhetoric）的技艺，可以这么说，修辞术从诞生之日起便与政治结下了不解之缘。西方古典修辞术在本质上首先是政治性的。英国历史学家约翰·戴维斯在《民主政治与古典希腊》中指出："演说术成为权力的工具，这样的作用并不是全新的——因为权力也是出自具有说服力的语言，即那个精力持续投入到有效说服的技巧之中，这对每个政治人物来说都是必不可少的。"[2]在西方，自古希腊开始，无论是反对还是赞同修辞学的

---

1 刘亚猛：《西方修辞学》，北京：外语教学与研究出版社，2008：315。
2 ［英］约翰·戴维斯：《民主政治与古典希腊》，黄洋、宋可即译，上海：上海人民出版社，2002：30。

人无不对言说表现出了极大的关注，试图在不同的事情上找到某种说服受众的方式。柏拉图、亚里士多德对修辞学的论述不仅充满了有关国家政治事务的实践理性而且包含了对人性的洞察和对权力/知识的考量。在西方历史发展的很长一段时期内，修辞构成西方教育的根基，同时因其在政治生活中的重要作用，众多有着睿智头脑的人纷纷投身于其研究和传授工作。

毋庸置疑，在人类社会政治活动中，推动着人类群体性政治行为的展开以及政治理想实现的因素可以归结为两类：一类是言辞说服，另一类是暴力征服。在西方古代社会，政治性说服的主要方式是公开演说和辩论，《荷马史诗》中就对此有过详细的描述。演说和辩论在内的政治性说服早在"英雄时代"就已经在政治活动中发挥了重要作用。人类作为政治动物的本性以及人类天生具备的独特的言语能力，为修辞这门与言语相关的技艺的存在确立了合理性。对此，亚里士多德曾做过如下精彩的论述：

> 作为动物而论，人类为什么比蜂类或其他群居动物所结合的团体达到更高的政治组织，原因也是明显的。照我们的理论，自然不造无用的事物；而在各种动物中，独有人类具备言语的机能。声音可以表白悲欢，一般动物都具有发声的机能：它们凭这种机能可将各自的哀乐互相传达。至于一事物是否有利或有害，以及事物是否合乎正义或不合正义，这就得凭借言语来为之说明。人类所不同于其它动物的特性就在他对善恶和是否合乎正义以及其它类似观念的辨认（这些

都由言语为之互相传达），而家庭和城邦的结合正是这类义理的结合。[1]

修辞的核心功能就是劝说。正如福斯等学者所说："哪里有劝说，哪里就有修辞，哪里有意义，哪里就有劝说。"[2] 哪怕最简单的事实表述，也隐含了潜在的修辞动机。尼采特别强调，语言符号本身就隐含着比喻的虚构性，而且在一定意义上巧妙地生产着某种劝服性的"软性话语"。人类无法脱离象征而生活，而修辞则是借助象征的手段去发现事物缺失状态下的意义（指涉对象不在场）。也就是说，修辞的真实指涉一定是超出了象征对象之外，进而以一种"象征的力量"影响人们的思想、情感与行为。

修辞学作为人类智力活动的最高形式，是治国安邦所不可或缺的工具。城邦政治与修辞学相互依存，修辞学为城邦这一概念提供观念基础，后者又反过来为前者提供实践的场所。对于西方修辞观念的历史演变，尼采曾说过一段非常富有见地的话：

> 修辞观念的独特演变，从属于古代和现代之间的特别差异：在近代，这门艺术处于声名狼藉的境地，即便在其使用时，最多也不过是被我们现代人视作浅薄涉猎的对象和拙劣的经验论。通常认为，与之比较而言，对本质上何谓真的感知方面，发展更大：修辞只在一个仍旧生活在神话想象之中的人群中

1　[古希腊] 亚里士多德：《政治学》，吴寿译，北京：商务印书馆，1965：8。
2　Foss, Sonja K. etal. *Contempoary Perspectives on Rhetoric*. Illinois: Waveland Press, Inc, 1985: 164.

发生，这些人仍旧尚未感受到对历史准确性的绝对需要，他们仍旧宁愿被说服，而不是被指示。另外，对公开论辩人才的需求，想必曾经促成了这门自由艺术的发展。因而可以说，修辞本质上是一门共和政体的艺术：这一政体中的人们必须习惯于容忍最为与众不同的意见和观点，甚至在反驳抗辩中得到某种快乐；人人都乐于洗耳恭听，正如人人都乐于滔滔不绝；而且作为听众的人，必须或多或少能够欣赏演说者所运用的这门艺术。古人的教育通常以修辞为顶点：它是受过良好教育的政治人的最高的精神活动，——这对于我们来说，实在是不可思议！[1]

尼采的上述观点对我们理解西方古典修辞学，提供了三个启示：首先，修辞在古代和现代的际遇有着天壤之别，而近代社会政治演变以及启蒙运动理性主义的泛滥，使修辞作为一门学科丧失了其昔日无比辉煌的学术地位；其次，唯有从古典修辞的政治特质入手，考察修辞与古代社会政治体制的关系及其在社会生活中所发挥的作用，才能充分认识古代修辞的本质和境遇；最后，古典修辞在政治活动中举足轻重的作用根源于修辞这门古代教育的重要学科所受到的推崇。

日常生活中的交流绝不是言语发挥作用的唯一形式。更重要的是，通过言语的力量，"能够把散居的人们聚集到一处，使他们由野蛮的、未开化的生活进入这种合乎人性的、市民社会的生活，为新形成的居民

1　[德] 弗里德里希·尼采：《古修辞学描述》，屠友祥译，上海：上海人民出版社，2001：3。

共同体制定法律，设立法庭，规定法权"[1]，可以这么说，西方修辞传统为西方现代化过程提供了必要的"技术储备"和文化氛围。即便在当代，我们依然可以发现圣古先贤的智慧之光。当代著名学者本尼迪特·安德森就为这一观点提供了很好的注脚。他提出国家应该被理解为一个"基于想象的政治共同体"，这一观点无疑可以看作对修辞重要性的当代阐释。刘亚猛指出："安德森的国家理论对想象的强调从两个方向点明了修辞如何在民族国家形成和演变过程中扮演了主要角色。"[2]一方面，安德森所说的对民族国家的想象是指："在各种象征手段，如大规模流通的印刷品、新闻、历史叙事、地图、博物馆陈列乃至日常话语交流等因素的诱导下油然而生的一种感觉和信念，因而可以被理解为一种特殊的宏观修辞效用。"[3]运用象征手段来构筑认同和区别，正是修辞最基本的运作方式；另一方面，国家观念显然不是一旦形成就基本不再变动，而是始终处于一个在各种互相冲突的利益、事态、权力的驱动下，通过不同立场、视角、论点和表述的互动而不断再想象的变动过程中，也就是说，国家观念的形成在很大程度上是修辞干预和作用的结果。

安德森从一个全新的视角为"民族"这个概念提出了一个极富创新性的定义："它是一种想象的政治共同体——并且它是被想象为本质上是有限的，同时也享有主权的共同体。"[4]西方现代民主法治的施行对政治修辞和法律修辞的技术性依赖是怎么强调都不过分的。可以毫不夸张地说，构成现代政治，法律修辞的原则、概念、技巧、策略、程序、程序、

---

1 [古希腊]西塞罗：《演说家》，王焕生译，北京：中国政治大学出版社，2003：23。
2 刘亚猛：《追求象征的力量：关于西方修辞思想的思考》，北京：生活·读书·新知三联书店，2004：4。
3 同上。
4 Anderson, Benedict. *Imagined Communities*. London: Verso, 1991: 12.

体裁、规范等等，无不源于可以上溯到古希腊的西方修辞传统。修辞深深卷入西方政治生活的各个方面，并在执行从政策的制定、体制的运行到自我意识的构筑等核心任务上发挥无可替代的作用。尽管在西方学术界修辞的定义仍然存在着较大的争议，但是目前形成的一个基本共识是：西方修辞在其诞生之初就与人类生活各个领域的活动休戚相关，它被看成是维系人类作为一个团体，塑造其社会与政治观念，确定其方向和使命等核心作用的一股巨大力量。修辞"在以非暴力手段处理冲突、协调行动、更新观念、发展文明的一切努力中所发挥的关键作用是不言而喻的。在当代西方，修辞不仅不露声色的支撑着交流、传播、公关、广告及一切形式的宣传，为所有这些以象征手段调节大众看法和态度的行业提供了基础观念、总体思路和基本方法，在保证国家根本体制的正常运转、构筑主流意识形态、维持和增强'软实力'等事关社会和民族兴亡盛衰的要害利益上都发挥着举足轻重的作用。"[1]

第三节 修辞与权力的共生关系

一、修辞的"自我韬晦"

"尽管修辞对西方社会文化体系的构成和持续极端重要，它却是西

---

[1] 刘亚猛:《追求象征的力量——关于西方修辞思想的思考》，北京：生活·读书·新知三联书店，2004：3。

方话语中最为迷离诡谲的核心概念之一"[1]。不论是"修辞"一词语义的高度歧义性，还是西方修辞在"做"与"说"、实际兴趣和表面冷漠之间存在着的高度反差和分裂，不论是修辞学作为西方现代学术领域中举步维艰的发展状况，还是围绕其学科起源的争议，这些有关修辞学科本身的吊诡性（paradoxicality），从一定程度上来说与雄辩艺术所固有的"自我韬晦"，即一种努力不使人觉察到自己的运作和力量的倾向不无联系。

修辞作为"说服的艺术"，其成败在很大程度上取决于能否"自我韬晦"，即将说服意图有效地掩盖起来。在古典时期，修辞作为一个"受到当时文化特宠"的实践和技能为整个社会所热衷，然而修辞实践者却选择在口头上和雄辩艺术本身拉开距离。卓越的修辞实践者在修辞较量场上之所以能够胜出，在很大程度上与其不使人察觉到雄辩艺术运作的努力程度密不可分的。刘亚猛在其《追求象征的力量——关于西方修辞思想的思考》一书中对西方修辞的"自我韬晦"进行了深入的分析，提出修辞艺术必须自我掩饰的观念起源于古希腊、古罗马，而到文艺复兴时期，这一认识才完成其概念化过程。昆提利安就曾要求学生避免在演说中做"任何可以使人感觉到 [你们的] 巧妙设计"的事，相反地应该做到自己跟演说有关的一言一行都"好像是涉修辞事件的题中应有之义而不是源于演说家的艺术"[2]。在讨论文体风格时亚里士多德也指出，修辞能否做到听起来"天然无雕饰"关系到以说服为目标的修辞活动的成败。他告诫修辞者应该"精心构筑 [修辞文本] 而又不使人体察到体现在文本里的匠心"，侃侃而谈而"听起来却自然而然毫不矫揉造作"。他

1　刘亚猛:《追求象征的力量——关于西方修辞思想的思考》，北京: 生活·读书·新知三联书店，2004: 13。
2　同上，2004: 23。

认为："惟有如此才有说服力，而不这么做则根本谈不上说服受众。因为辞章的造作会让受众心生反感，感觉好像对他们使心计一样。"[1]在亚里士多德看来，演说或其他修辞体裁是否能做到听起来"天然无雕饰"，一点都不像是精心策划和构思的产物，事实上事关以说服为目标的修辞活动的成败，而绝非仅仅是一个增加一点说服力，对大局未必有决定性作用的次要问题。事实上这一观点将"自我韬晦"定位为修辞自身运作与发挥效力的一个根本条件，并指出之所以如此，是因为修辞能否不暴露自己的运作方式，事关维护修辞者/受众这一修辞的根本关系。受众只有在不觉得修辞者是在耍弄技巧、诱使他们做出一个可疑的决定时，才有可能真正被说服，而避免受众产生这种感觉的途径，就是尽可能地将修辞构思和修辞手段的应用加以掩盖。修辞之所以被称为修辞，恰恰是因为它是修辞构思的产物和修辞技巧应用的结果，于是乎，我们不能不得出"修辞只有在不被看成是修辞时才能真正发挥其效力"这一看似荒谬实则真确的吊诡性结论。

对于修辞"自我韬晦"的倾向，古典修辞理论家是从修辞心理的角度解释这一现象，即修辞者的自我贬抑必然有助于提高修辞的效力，对词语的过分雕饰将冲淡给人的情真意切的印象；而德国修辞学家迈克尔·卡恩则从修辞作为一个学科如何进行"自我构成"的角度出发探讨了这一问题，从而加深了我们对它的理解。他认为将修辞"不示人以其艺术"仅仅归咎于一种"文体上的或心理方面的"动机是一个误解。与别的学科不同，修辞始终处于一种先天的两难境地：一方面，在修辞的活动领域，对"造作的任何怀疑都将引起特别激烈的反应"；另一方面，

---

1 Aristotle. Rhetoric, Toans. W. Rhys Roberts. New Yorks: Random House, 1954: 3-4.

修辞要想成为一门学科，绝对不能放任其实践处于"自然而然"的状态，因为那样做就意味着修辞"自我消融于自然状态"之中，谈不上是一门对实践具有指导意义的理论或在理论指引下完成的实践，也就是说不能允许它将修辞的'造作'过程公之于众，加以张扬，并以此为自己'请功'"。[1]

　　修辞的"自我韬晦"在号称"修辞家"死对头的雅典大哲学家柏拉图的修辞实践里可以找到最好的注脚。柏拉图笔下的哲人苏格拉底与智术师之间的戏剧冲突和言辞交锋无不体现出其修辞思想。柏拉图的三个著名对话《高尔吉亚篇》《斐多篇》《苏格拉底的申辩》无不是围绕苏格拉底与修辞家针对修辞问题展开的交锋。西方学界一种颇为流行的观点认为柏拉图对修辞持根本否定态度的，柏拉图笔下的苏格拉底似乎与智术师势不两立。在柏拉图的思想世界里似乎构筑了两组泾渭分明的对立：哲学以追求真理为目标，而修辞术致力于说服；哲学家教导人沉思智慧，修辞家培养人口齿伶俐；哲学家关心善（好）、正义、美德，而修辞家热衷于奉承、取胜和快乐。哲学家出世、远离政治、受少数人顶礼膜拜；而修辞家入世、热衷政治、受多数人追捧拥戴。柏拉图的修辞观长期被修辞学家认定为某种外在于古希腊修辞理论话语的敌对意识形态。然而如果我们将柏拉图对修辞的批判放置于其产生的语境内，观察其产生的前因后果，则这一颇为流行的主流学术见解的正确性就值得商榷了。

　　面对着当时整个希腊社会对修辞几乎是一边倒的崇拜与狂热，柏拉图以反潮流的精神引进某些与常规见解完全对立的视角，这一实践本身

1　Cahn, Michel. "Six Tropes of Disciplinary Self-Constitution." *The Recovery of Rhetorics*. Eds. R.H. Robert and J.M.M Good. Charlottesville: University Press of Verginia, 1993: 79-80.

就应该被看作是在践行"对言"，即"针对一切事物都存在着两种相反的说法"这一修辞的基本原则；其次，柏拉图的修辞批判是通过对修辞手段的娴熟应用而得以实现的。柏拉图在成功批评高尔吉亚式的政治修辞术之时，除了依靠自己深邃缜密的哲学思辨之外，同样运用了精湛无比的言辞技艺。对此，西塞罗谈话著作《论演说家》中的核心人物克拉苏斯曾谈到自己独到的洞察："我在雅典时曾同卡尔马达斯（Charmadas）一起非常认真地阅读过柏拉图的著作《高尔吉亚篇》，在那部著作中最令我惊异的是柏拉图本人，我觉得他在嘲笑演说家时，却令我觉得他自己恰恰是一位非常出色的演说家。"[1] "按照西塞罗的见解，柏拉图不仅仅是打着反修辞的旗号推行修辞，他对这一策略的自如应用还使它成了一个几乎完美无缺的修辞实践者——柏拉图牌号的哲学其实是一宗通过否定、谴责修辞而成功地'自我韬晦'了的修辞。"[2] 西方修辞史学家乔治·肯尼迪称柏拉图的"任何一篇对话录都与修辞息息相关"，赞颂他是名副其实的"至高无上的修辞学家"[3]。依据当代英国修辞学家布赖恩·维克斯等学者的考证和分析，柏拉图对修辞的发难从两个意义上说是一场不折不扣的"修辞行动"。首先，在其"不带私利"的纯学术或纯文化批判的表象之下隐藏着两个非常实际和功利的动机：一是带有浓重的学科竞争和人才争夺的意图，二是为其主张的精英政治获取认同。其次，柏拉图对修辞的批判采取的是以自由"对话"的面目出现的武断独白，以"辩证"交流的形式推行的一言堂。[4] 柏拉图以反潮流的精神引进某

1　Cicero. *De Orator*. Trans. W. Sutton. Cambridge: Havard University Press, 1942: 46-47.

2　刘亚猛：《追求象征的力量：关于西方修辞思想的思考》，北京：生活·读书·新知三联书店，2004：33。

3　Kennedy, George. *Classical Rhetoric and Its Christian&Secular Tradition: From Ancient to Modern Times*. Chapel Hill: University of North Caroline Press 1999: 54.

4　Vickers, Brain. *In Defense of Rhetoric*. Oxford: Clarendon Press, 1988: 83-147.

些与常规见解完全对立的负面视角，其实，这本身就是在践行修辞学中的"双向言说"或"对言"。

　　在西方的哲学传统中，柏拉图的事例并非绝无仅有。17—18世纪启蒙运动的两位中心人物洛克和康德也不约而同地采取了柏拉图的立场和手法，都公开对建立在或然性基础上、缺乏严密逻辑性、包含各种说服技巧的修辞学提出了严厉的批判，将修辞描述为"推行谬误与欺诈的强大工具"。20世纪中叶，学术界对启蒙话语的修辞本质有了较为深刻、系统的认识。

　　　　[启蒙运动的]中心形象是让光明取代黑暗，不过当德国哲学家康德在一篇著名的文章中提出"什么是启蒙"这一问题时，他所给出的答案却与此不尽一致：[启蒙意味着]从自甘接受他们人指导的习性中解放出来。这一理解的核心是对权威的质疑。启蒙运动留下的伟大遗产是这种批判态度的普及。从这个时代起，一切事物都免不了受到认真审视。有些[启蒙思想家]觉得这样一来再也没有任何东西是神圣不可侵犯的了，然而这种看法具有相当的误导性，启蒙运动有它自己[触犯不得]的权威和教条。它所鼓吹的"批判姿态"本身长期以来就不曾被审视过。再者，启蒙运动不仅是各种不同思想的集成，同时也是各种不同态度的混合……启蒙思想的根基因而跟启蒙运动随后的发展一样混乱不堪。这一运动远非是一支由已受启蒙者组成的军队步调一致的大进军。它更像

是一场无休无止的辩论——有时候甚至像是一场内战。[1]

当代西方史学家的上述看法印证了启蒙的修辞本质，启蒙运动在反对一切现有权威和教条的口号下悄悄树立自己的一套新的"权威和教条"，以一种不易被察觉的方式将启蒙思想家鼓励有加、竭力培育的"批判目光"从启蒙运动本身移开，处在科学大发展时代的他们，共同点也很鲜明——追求普世正确真理，都遵循自然科学标准衡量一切事物的逻辑实证主义，都推崇用现代科学方式获得有关物质世界的客观、确定的新知识。这一做法完全可以被解读为"以反修辞之名行修辞之实"策略在一个宏观历史语境中的特殊应用。

二、修辞与权力的无缝对接

如果说言说是使人之所以成为人的一个基本能力，那么运用说服取代强制与暴力作为协调群体行为的主要手段则是人类文明、人类社会和人类社群形成和发展的一个基本条件。人们对于语言这一象征手段的技巧性运用所产生的无比巨大的效力有着深刻的认识。苏珊娜·郎格曾说道："语言是具有象征性的人类思想的最高、最令人惊奇的成就。它赋予人类的力量几乎是不可估量的，因为没有语言就不可能产生任何被称之为思想的东西。语言的诞生是人类的第一缕曙光。人与兽——最高级的猿类和最低级的野蛮人——之间的界限就是语言。"[2]古希腊的哲辩师

1 Roberts, J.M. *History of the World*. New York: Oxford University, 1993: 545-546.
2 Langer, Susanne K. "Language and Thought." *In Exploring Language*. Ed. Gary Goshgarian. New York: Harp Collins College Publishers, 1995: 40-45.

高尔吉亚一个极具原创性的贡献在于将修辞看成是一种力量，甚至说修辞拥有某种征服一切的影响力，能够使所有被这一影响力触及的事物"心甘情愿而不是迫于无奈的臣服"。在其最为经典的演说"海伦赞"中，高尔吉亚为海伦申辩，认为海伦是被帕里斯的言辞说服而动了和他私奔的心，在这篇脍炙人口的演说中，"言说是一位大权在握的王公，它能够通过最为细微精妙的手段产生最为神奇的效果，例如驱除恐惧、消除悲伤、引起欢乐、产生同情等"。高尔吉亚还将修辞比作药物，言说对心灵状态可以产生的效果就跟药物对身体状况可以产生的作用一样。不同的药物将不同的体液排出身体。不同言说也可以分别造成痛苦，带来愉悦，引起恐惧或鼓起勇气，有一些演说甚至能通过某种邪恶的说服蛊惑心灵。[1]

修辞被界定为一种能够通过言说操纵人类情感、态度和行为的力量。"从修辞的角度看待权力，似乎为我们开启一扇反省既有权力概念的窗户，权力绝不单单是暴力的、直接的，以及由上而下的，而是通过语言的修辞而获得的一种支配力量。权力是通过社会联盟关系（social alignments）来行使和维持的，而社会联盟关系的产生是与修辞密切相关的。因为修辞是通过象征手段的运用来诱导人类合作的，作为从一种分裂的环境中所产生出来的一种社会力量的修辞学，可以通过'同一'的过程来促进'同体性'。"[2]

西方马克思主义的代表人物葛兰西对"hegemony"的解释更是加深了我们对修辞在西方社会所起的功用的认识。他认为，霸权指某一阶

1　Gorgias,"Encomium of Helen." In George A. Kennedy, ed. and trans., *Aristotle on Rhetoric*, New York: Oxford University Press, 1991: 284-288.

2　李艳芳："批评视角下的隐喻研究"，《东北大学学报》，2010：364。

级、集团、思潮、学派等成功地通过"说服"等非暴力、非强制手段，将自己的利益和观点作为整个社会或领域的利益或观点"推销"给其他阶级、集团、派别等，因而在他方"同意"的基础上获得并维持其支配地位。[1] 法国后现代主义思想大师米歇尔·福柯在其晚期著作中更是一针见血地指出了权力运作的一个基本条件，即通过权力机制的自我隐蔽，权力在受其支配的人们中间产生了他们是在行使自由意志的错觉，从而使权力变得可以忍受。对权力运行机制的这一新认识将我们对修辞吊诡性的认识提高到前所未有的理论高度。福柯认为，话语与权力两者之间的关系密不可分。"如果没有话语的生产、积累、流通和发挥功能的话，这些权力关系自身就不能建立起来和得到巩固。"[2] 福柯通过对权力运作机制的考察突显了修辞作为权力的一种专用工具和特殊表现形式的本质。"语言的特性之一就是具有藏而不露的力量，语言的实践反映一种并未被公开宣布的霸权。"[3] 权力的自我隐蔽性使得权力不可避免地成为一种修辞的构筑。修辞通过言辞或其他象征形式发生作用，从物理意义上说它完全是非暴力的，而且在法律甚至政治意义上都是非强制性的。

为确保权力的合法化运作，修辞者必须选择最有效的劝说策略，从而获得某种"乔装打扮"的力量。西方社会在发明创造出变相、灵活的权力机制方面比其他社会更富于想象力，而人们之所以普遍认为权力只会板起面孔说"不"的那种"单一、负面"的刻板印象，完全是权力自我隐蔽和对外保密的结果。"人们对权力的忍受是以权力大体上将自己

---

1 李艳芳："批评性语篇分析的修辞视角探索"，《天津外国语学院学报》，2009：17。
2 [法]福柯：《权力的眼睛——福柯访谈录》，严锋译，上海：上海人民出版社，1997：228。
3 [法]海然热：《语言人》，张祖建译，北京：生活·读书·新知三联书店，1999：298。

的真相掩盖起来为先决条件的。权力的成功率同它将自己的工作机制隐藏起来的能力成正比。权力如果对自我暴露完全无所顾忌，它还会被接受吗？对权力来说，自我保密从本质上说不是一种非法行为，而是它发挥作用必不可少的一个条件。那些受权力支配的人对权力所抱有的神秘感不仅仅是权力对他们的一种强加，也是他们自己不可或缺的一种需要。因为除非这些人将面对的权力看成只不过是对自己无休止的欲望的一种限度，从而相信自己仍然享有相当的自由，他们是不可能接受那一个权力的"[1]。

福柯进一步指出权力的自我隐蔽绝非一种无关宏旨的恶作剧，而是它得以作为权力运行的一个基本条件，因为通过权力机制的自我隐蔽，权力在受其支配的人们中间产生了他们是在行使自由意志的错觉，从而使权力变得可以忍受和接受。刘亚猛指出："如果我们用'修辞'替换上面那段引文中'权力'二字，则福柯有关权力运行条件的论述，可以几乎完美无缺地移植到有关修辞吊诡性的讨论中，并将这一讨论推进到一个全新的境界。两者的令人惊讶的'无缝'对应绝非偶然。"[2]在福柯搭建的理论框架内，修辞的权力层面，或者说修辞作为权力的一种专门工具和特殊表现形式的本质，被凸显出来。认识到修辞的"权力"本质，使我们有可能将修辞的"自我韬晦"作为权力"自我隐蔽"的一个特例而做出新的解读。例如，修辞者和受众的关系可以被重新认识为一种"权力关系"，而修辞者"藏巧示拙"，极力掩盖自己的"修辞图谋"的一切努力，归根结底都是为了将这种关系维持在权力行使的对象，即受众，"可

1　Foucault, Michael. *The History of Sexuality*. New York: Vintage Books, 1980: 85-86.
2　刘亚猛：《追求象征的力量：关于西方修辞思想的思考》。北京：生活·读书·新知三联书店，2004：29。

忍受"或"可接受"的范围内……"相对于受众,修辞者在修辞过程中始终处在一个易受伤害、行为后果难以预测的弱势地位……受众成员作为握有决定权的人,在整个修辞过程中总是处于一个相对于修辞者的'权势地位'。"[1]

三、作为象征权力的修辞

法国社会学家布尔迪厄在《语言与象征性权力》(1994)一书中也试图阐释这样一个事实:语言一方面是一种用以表达的工具,而另一方面也是施加一种影响的力量,即权力。在一定意义上,一个社会的阶级就是通过对修辞或象征的占有、控制及不断创新而统治另外一个阶级的。布尔迪厄的文化社会学的核心思想所试图揭示的正是这样一个事实:分工细密、体系庞大的现代社会正日益依赖符号系统的象征暴力,来巩固和维持它的统治秩序。象征权力是一种经过修辞美化(rhetorically transfigured)的权力,它并非寄身于言语或符号本身,而是存在于它们与社会结构的关系中。法国社会学家布迪厄认为,语言中隐含了福柯所说的"话语权力",符号系统则是一套象征性统治工具。凭借这一"象征权力",西方文化获得了隐秘政治功能。从符号政治学的维度来看,任何一种权力的运作都离不开人与人之间语言象征性交换互动,而修辞不仅是象征交换场域中折射权力主体的一面透镜,同时也是建构权力信仰的直接动力。修辞运用的直接目的是"通过自己的言辞使一个团体获

---

1 刘亚猛:《追求象征的力量:关于西方修辞思想的思考》。北京:生活·读书·新知三联书店,2004:29-30。

得特定的意志、计划、希望和前途"[1]，而一旦言辞在被致辞者那里产生认同，就会相应地形成一股凝聚特定意志、观念和行为的新兴势力，而这一新势力的形成又会反过来"赋予这一言辞以象征和物质的力量，使言辞的潜能得到进一步发掘"[2]。正如布迪厄所说，象征权力"是在实施这个权力的人与接受这个权力的人们之间的特定关系中，并通过这种关系得到界定，也就是说，是在生产并再生产信仰的场域的结构中得到界定的"[3]。象征权力就是那总不可见的权力，"而这种不可见的权力，只有当那些不愿意知道他们自己隶属于它，或不愿意知道正在操作它的人们，心甘情愿地充当共犯的时候，才有可能被实行"[4]。从这个意义上讲，象征权力是一种经过修辞美化的权力，一种被误识的、变形的、合法化了的权力形式，其本质就是"意义和意涵系统所具有的通过将压迫和剥削关系掩藏在貌似自然本性、善良仁慈和贤能统治的外衣下，掩盖并因此强化压迫与剥削关系的能力"[5]。任何权力的运作都离不开人与人之间的修辞实践，修辞不仅仅意味自上而下的意识形态控制，还能成为酝酿社会运动的"弱者的武器"。权力的极致在于能替人们构筑起他们对社会或政治现实的认识和感知而又同时使他们觉得这些体认都是他们自主获得的。这一功效使得权力机构在无需诉诸强制或采用政治、物质手段的情况下就能稳获支持。

布尔迪厄指出，特定的符号与特定的社会现象之间的联系是任意的，符号的权力象征性意义并不是符号本身所固有的，而是来自于场域中对

1　Bourdieu, Pierre. *Language and Symbolic Power*. Cambridge: Harvard University, 1991: 191.
2　同上。
3　Bourdieu, 1991: 117。
4、5　Bourdieu, 1991: 104。

立双方的争斗和最终定义。美国环境史的开拓者罗德里克·纳什在其经典著作《荒野和美国精神》一书中指出的，在历史的流变语境中，"荒野"的意义总是被各种话语修辞争夺、命名、表征、书写、生产和记忆。不同的利益群体或政治群体"借助话语的方式"对"荒野"进行命名和区分的同时，实际上也在积极谋划着某种社会区分和权力分配。当"荒野"被表征为一块有待被现代文明进行"改造"的荒蛮之地时，实际上是赋予了人类征服自然、支配自然的合法性；相反，当"荒野"被建构为一个实践"生命中心主义"环境伦理的文化空间时，荒野实际上意味着一个需要被保护、被关照的道德载体。[1] 由此看来，"荒野"的意义是不同利益群体之间权力制衡的结果，是话语建构的产物，是符号修辞的产物，意义是在历史变迁的社会语境和政治语境中被再阐释、再封装和再生产的。

四、修辞与权力的共生关系

权力及其分配问题一直以来都是修辞理论的核心。詹姆斯-伯尔林（James A. Berlin）曾指出："那些构筑修辞的人的首要关注是解决他们所处时代的权力运作问题"[2]。自古至今，修辞学学科的主要内容就是关注社会中的权势阶层——总统、社会政治运动的领袖、牧师、法官等。对于处于权力边缘的妇女和黑人修辞现象的关注也毫无疑问是为了帮助他们在社会中获得更多的权力。

1　Nash, Roderick. *Wilderness and the American Mind*. New Haven: Yale University Press, 2001: 1-3.
2　Herrick, James A. *The History and Theory of Rhetoric—an Introduction*. 3rded. Boston: Pearson Education, Inc., 1997: 19.

通过修辞手段来挖掘言语中所蕴含的巨大力量一直是西方修辞研究的首要任务。古希腊最早的修辞观就将修辞定义为"一种通过语言对'心灵'施加影响以达到对他人的支配的'权力'",修辞者正是在受众接受说服作出有利于自己决定的那一刻赢得了对受众的支配。修辞与权力的联系表现在三个方面：卓有成效的修辞成为个体在社会中获得成功和提升的一个重要途径；由于象征和人类思维结构的密切联系，使修辞能够改变他人的思想；修辞是政治权力的来源。"修辞学家们首要的和最关注的是面对他们那个时代的权力游戏。"[1] 文学理论家伊格尔顿更是指出："修辞学从古代社会到 19 世纪一直是批评分析的公认形式，它考察人们为了达到某种效果而建构话语的方式，它的特殊兴趣在于将话语实践作为权力形态加以把握。"[2] 修辞与权力的关系贯穿西方修辞的发展过程，自古以来，修辞与政治学和社会的权力分配就有着重大的关系，"修辞学探索修辞艺术是否给修辞实践者带来权力，由此而追踪权力的根源是什么，权力的真正本质又是什么。除此之外，还探索如果社会的一部分缺乏修辞知识或没有进行修辞实践的能力，这一部分人有没有丧失通向权力的途径等问题"[3]。

批评修辞的倡导者之一迈克吉（McGee）提出"修辞是对话语与权力关系思考后所产生的有关话语的理论"[4]。肯尼思·鲁弗（Kenneth Rufo, 2003）认为对修辞与权力关系的思考涉及三种不同的角度：意图

1　Herrick, James A. *The History and Theory of Rhetoric—an Introduction*. 3rded. Boston: Pearson Education, Inc., 1997: 19.

2　Eagleton, Terry. *Literary Theory: an Introduction*. Minneapolis: University of Minnesota Press, 1983: 225-226.

3　Herrick, 1997: 24.

4　Corbin, Corol. *Rhetoric in Postmodern America: Conversation with Michael Calvin Mcgee*, New York: Gulford Press, 1998: 27.

性的、结构性的和话语的。从意图的角度来看，权力的产生是通过一个行为人在另一个行为人身上实施自己的意图，在这一视角下的修辞性权力就是旨在控制、改变或影响修辞者周围的世界所进行的说服性诉求。从结构的角度看，权力产生于社会的组织模式，而从话语的角度看话语概念的产生填补了权力的意图性逻辑和结构性逻辑之间的断裂。客观现实是以主体互联的、修辞的现象而存在的。

话语是"权力的多种关系在社会的所有层面，在不同的机构、组群、个体之间和内部运作的策略维度"[1]，是"控制的修辞"[2]。事实上，修辞者"有意识的话语施为"造成的必然后果就是话语对现实的必然干预。话语是权力的介质，权力通过话语行为得以生产和再生产。同时，"权力是作为修辞的权力"，是"控制、影响或塑造修辞者周遭世界的说服努力"；修辞就是如何通过话语实现权力表达。这也意味着"修辞是权力的技术，是生产性手段"；"权力总是存在于修辞行动之中"，"修辞行动施为权力，重新商谈权力的分布"。美国修辞学家布鲁米特（Brummett）指出："从最深层意义上和最基本意义上来说，修辞就是对现实的辩护。"[3]他认为真理涉及共享意义的指派，从而确立不同程度的真理。这一过程完全是话语性的："但凡有意义的共享，必定是因为话语具有引导人们参与这一共享现实的力量。"他对修辞的概念化将修辞看作权力的代言。[4]

修辞的基本运作方式和所瞄准的目标被确定为说服。说服，是一种

1　Mckerrow, Raymie. "Critical Rhetoric: Theory and Praxis." *Communication Monagraphs*. 56. 2(1989): 96.

2　McGee, Michael. C. "The 'Ideograph', A Link between Rhetoric and Ideology." *Quarterly Journal of Speech*. 66(1980): 66.

3　Brummett, Barry. *Landmark Essays on Kenneth Burke*. California: Hermagoras Press, 1993: 160.

4　同上。

非强制性的影响，以其对象"心甘情愿"的接受为前提，然而说服又是修辞所体现的言说力的应用和实现，对说服对象而言终归是一种外力强制作用下的顺从。事实上，当代西方致力于研究"权力"这一概念和现象的多数学者已经形成的共识是，在各类型力量中间，最为强大的是使我们不仅能够替他人确定其兴趣和愿望、侧重和优先、利害和利益等，而且还能够使他们觉得这些决定是他们根据自己的利益自主做出而非外人加予的那一种。也就是说，"权力的极致在于能替人们构筑起他们对社会或政治现实的认识和感知而又同时使得他们觉得这些体认都是他们自主获得的。这一功效使得权力机构在无需诉诸强制或采用政治、物质手段的情况下，就能稳获支持"[1]。

近十年来西方修辞学界普遍关注的热点主要涉及修辞与权力、修辞与真理、修辞与社会意识形态之间错综复杂的关系。事实上，修辞与政治、权力之间的密切关系一直是西方修辞理论界持续关注的热点问题。当代西方修辞学将修辞批评作为工具，从修辞的视角去探讨和研究当代西方社会所面临的各种社会经济问题，具有广泛的社会实践和宏观研究的倾向。

第四节　修辞与意识形态

意识形态的表征是一个不断变化的过程，这一过程通过对定义的争

1　Wartenbury, Thomas E. *The Forms of Power: From Domination to Transformation*. Philadelphia: Temple University Press, 1990: 2.

夺而凸显出来。伟大的德国社会学家马克思·韦伯为我们提供了有关意义合法性争夺的富有洞察力的见解。他认为："控制的获取和维持最终不仅取决于外力的控制，也同样取决于合法性的建立，而这样的合法性唯有通过修辞行为来确立"[1]。意识形态的运作，在韦伯看来与修辞密切相关。这一观点得到了拜格雷夫（Bygrave）的响应。"意识形态在语言中凸显唯有通过解读，而最好的解读方式莫过于可以反映语言于行动之间关系的修辞学。"[2]拜格雷夫试图通过修辞与意识形态的视角来解读肯尼思·博克（Kenneth Burke），在认可了修辞和意识形态这两个术语的丰富内涵后，Bygrave 紧接着指出意识形态常常被用于"受一种行动方案所驱使，不管是多么隐秘的、矛盾的甚或是无意识的方式。它包含不明言的诉求、命令、劝诫连同其他一些要么为权势群体利益服务，要么以其他利益之名来挑战这些利益的策略"[3]。因而他提出意识形态的识别依赖于自觉的解读行为，而修辞能够为这些行为提供形式方面的策略。同样，在福柯看来，话语这个没有硝烟的战场，无时无刻不充斥着权力的纷争。一旦我们接受某种话语的修辞，也就同时不知不觉地认同了其中的意识形态。看似很纯净的话语，无不浸淫着意识形态，修辞以种种方式诉说意识形态，却又让这一过程显得自然而然。巴特也曾经用"神话"指弥漫于政治、经济以及社会文化各个领域的广泛被人们认同的生活方式、生活态度，它们表面上看似自然，实则是虚构的符号或者说是意识形态。神话以独特的修辞方式进行虚构，在形成时要借助审美过程赋予自身合理性，一旦成形，它就迅速借助认知过程进入意识形态。话

1　Krebs, Ronald R. and Patrick Jacksm. "Twisting Tongues and Twisting Arms: The Power of Political Rhetoric."*European Journal of International Relations.* 13. 1(2007: 38).

2　Bygraves, Stephen. *Kenneth Burke: Rhetoric and Ideology.* London: Routledge, 1993: 2.

3　Bygraves, 1993: 2.

语中的修辞运作就在于不遗余力地制造自然性，为意识形态的实现保驾护航。剖析修辞运作过程，也正是要破解意识形态神话。

意识形态作为服务于权力的意义，只有借助语言才能实现出来。语言是意识形态的寓所、载体和赖以实现的途径。修辞学，作为一项关乎语言运行好坏的艺术自然首当其冲地和意识形态建立了姻亲关系。修辞活动是意识形态得以实现的润滑剂，甚至决定意识形态的落实效果。用当代修辞学泰斗博克的话说，修辞，是用符号诱发合作的行为。"诱发合作"意味着修辞者通过选择符号手段，把听众的思想、态度、观念、行为引向他所期望的方向。由此看来，意识形态的修辞功能是显而易见的。意识形态是修辞行为的"场景"（scene），它制约、影响着修辞的方方面面，不仅制约着修辞者选择可说的话（the sayable），也影响着听众选择不听什么，以及如何应对修辞者话语的方式。既然不同的意识形态之间的相互斗争不可避免，既然它们都企图说服别人从而证明自己利益的合法性和正当性，那么修辞就成为意识形态角斗场上的一个有力武器。"意识形态凭借着重复，经由修辞性的意指和润饰过程，久而久之，呈现为自然的样貌，潜隐入人们的无意识内，浑然不觉。同样，意识形态欲发生效用，由无意识层面进入意识层面，亦需依靠种种修辞手段"[1]。

意识形态不仅是一种反映，而且也是一种合法性或合理性的证明，也就是说，由于意识形态蕴含了一种倾向，因而它可以成为论辩的手段，说服群体成员认同修辞者希望他们做的事情，同时也使那些与该倾向不相容的事物被否决。用修辞学的行话来说，"意识形态以一种巧妙的、不易察觉的方式劝说、影响着人们接受与该倾向一致的事物，同时也压

---

1 屠友祥：《修辞与意识形态》，上海：人民出版社，2012：43。

制、抵制不一致的事物"[1]。

现实与我们所感知的现实之间横亘着一条无法跨越的鸿沟。物质世界通过话语的形式存在，同价值与意识形态共同建构所谓的"真实"。CDA 的一个基本观念是多种意识形态，即各种各样的价值模式并存于任何一种文化中，并在其修辞产品中得到体现。当一种意识形态获得"领导"地位时，就积蓄了描绘或表述世界的象征性力量，它使得我们从某一种特定角度来理解世界。"要维持其领导地位，处于霸权地位的意识形态就必须通过修辞策略与修辞实践来更新、加强、维护自身"[2]。反对主导意识形态的声音受到抵制，各种复杂修辞策略的运用更使其影响受到限制。修辞已经不仅仅属于统治阶级推行其意识形态合法性的政治谋略，相反，修辞还可以成为被统治阶级进行反抗的最有力、最隐蔽的一柄利器。

作为观念、信念系统的意识形态，必须通过符号载体来表示。意识形态最重要的载体无疑是语言符号。在不同社会团体争夺的过程中语言符号充满了不同的立场、甚至互相冲突的含义。意识形态为我们提供了一种将传播过程在权力关系中语境化的方式。意识形态与语言不可分。语言承载人的观念、价值。美国著名修辞学家麦可·卡尔文·迈克吉指出："语言，是人们所说的话……有了语言，'人'进入我们身体，安身于我们体内，使我们每一个人都成为'人'的一个例子。我们的母语使内心最深处的我们被社会化，正因为这个原因，严格地说，每一个体的人都属于社会。他可以逃离他的出生和成长的地方，但在逃离中，这个

---

1   Thompson, John. *Studies in the Theory of Ideology*. Berkeley: University of California Press, 1984: 187.
2   Foss, Sonia K. etal. *Rhetorical Criticism: Exploration&Practice*, Illinois: Waveland Press, Inc., 2004: 243.

社会不可阻挡地伴随着他，因为他体内携带着它。这就是'人是社会的动物'这个命题所拥有的真正涵义。"[1]

权力关系和意识形态就如同一对孪生姐妹。意识形态是权力话语，而权力关系是意识形态的固化物。意识形态通过话语来维持社会的权力结构。布迪厄通过对象征暴力的分析，说明了意识形态与维护权力系统之间的这种关系。权力和意识形态之间的辩证关系同时也体现在哈贝马斯和阿伦特的"沟通权力观"理论中。阿伦特认为，权力的产生往往伴随着政治共同体的建立——"不论何时，只要人们聚集在一起并协调行动时，权力就产生了。"[2]哈贝马斯几乎给出了相同的权力定义："通过旨在达成一致的沟通而形成的共同意志。"[3]意识形态运作的最终目的，是要获得人们的认同。语言是意识形态的实现方式，这使修辞学成了意识形态的重要实现策略。修辞学和意识形态都是具体的话语实践方式。修辞学是意识形态的重要的实现策略，正是二者的紧密关系，使得意识形态研究要与修辞学研究结合起来。

1980年，迈克吉在权威杂志《言语季刊》上撰文，阐释了意识形态与修辞学的关系。四年之后，另一位美国著名学者菲利普·万德（Phil Wander, 1983）提出了"修辞学领域的意识形态转向"，引起了广大修辞学者的积极响应。即便在当下，意识形态在西方修辞学，尤其是修辞批评领域仍占据重要的位置。意识形态的功能必须通过符号尤其是语言符号的运作来实现。作为信念、价值系统，意识形态与人们的社会和语

---

1 McGee, Michael C. "The 'Ideograph', A Link between Rhetoric and Ideology." *Quarterly Journal of Speech*. 66 (1980): 8.
2 Arendt, Hannah. "Communicative Power." *Power*. Ed. Steven Lukes. Oxford: Blackwell, 1986: 68.
3 Habermas, Jurgen. "Hannah Arendt's Communications Concept of Power." *Power. Ed. Steven Lukes*, Oxford: Blackwell, 1986: 76.

言行为交织在一起，并在此得到践行。意识形态一旦产生，社会的个体人就成为其代言人。正如霍尔所说："我们被意识形态所召唤，被招募为它们的'作者'，它们本质上的主体；反过来，我们又受制于我们在界定某种情况或事件时预设的意识形态结构。"[1]意识形态在修辞活动中的运作，是通过具体的语言修辞方法和修辞证明来完成的。权力和意识形态的内在本质同修辞的工作机制，即修辞作为"象征力量"的体现只有在不被"认出来"的时候才有可能发挥效力，是不谋而合的，权力和意识形态总是与修辞共生的。修辞"自我韬晦"的本质使其必然成为权力和意识形态运作过程中的必不可少的媒介。

修辞行为就是践行意识形态功能的过程。西方修辞研究的是话语策略，其首要问题是如何增强话语的感染力，从而加强发话人运用语言影响他人的能力或权力。因此，可以说二者属于同延关系，权力话语就是西方修辞，因为权力的运作需要话语的策略；同时我们还要认识到，西方修辞就是权力话语，因为仅凭语言手段，只是把话说得漂亮远远不够。语言的力量归根结底来自语言本身与交际者之间权力关系的相互作用。从西方修辞的角度去探讨话语的策略，即话语的权力，管窥新型的权力话语是如何影响人们的日常生活，进而对权力话语的运作方式有更深层次的理解，无疑具有重要意义，是较其他的视角更为根本的视角，因为西方修辞就是研究如何使话语有效的方法论和认识论。西方修辞不仅是一门用话语说服的策略，而且因为话语是权力的编织物，可以毫不夸张地说，西方修辞是一门依托话语、让权力得以实现的话语策略。权力是一种依托话语权威感、可信度、说服力的修辞建构。正是在这一点上，

---

1 Makus, Anne. "Stuart Hall's Theory of Ideology: A Frame for Rhetorical Criticism." *Western Journal of Speech Communication*.54.4(1990): 500.

从西方修辞视角去研究权力话语的在现代社会具有根本性的意义。当主流话语日益丧失主流地位时，西方修辞作为一种话语策略似乎能更好地服务于权力，帮助建构、维持或瓦解社会权力关系。

第三章

意识形态的修辞运作

第一节 意识形态运行模式

话语、意识形态和权力之间的相互关系是批评性话语分析研究的对象。在现代民主社会，武力和强制手段已经不能有效地维持对权力的操纵和对社会的控制，更多时候是通过对话语的操纵从而隐晦地劝诱和影响人们的态度、价值观、信念等并最终使其自然化，从而使对真实的社会建构自然化。"一套成功的意识形态，首先必须经过心理说服过程，使受众认同其理念，这是意识形态确立的首要步骤，即符号化"[1]。意识形态要凭借语言来实现自身，因而一门关于如何使用语言的艺术——修辞学，就和意识形态关联起来了。在意识形态的争锋、对话和可能的协商中，是否充分地利用修辞学，不仅会影响意识形态的竞争力，也会影响意识形态的最终落实。在话语中起关键作用的重要名称、术语、范畴、概念、观念等，事实上都是一个从不间断的"修辞较量场"。各种实力、利害关系、意识形态和世界观通过修辞手段互相争夺这些名称、观念等的意义以及解释其使用规则的权力。

从本质上讲，修辞行为是一种劝服性意义的生产实践。从语言符号的识别与再造，到文本的意义表征，再到话语的生成与构造，最后到社会运动维度的认同构造与社会动员，修辞就像一柄暗中挥舞的利剑，积极参与了传播中一切与意义有关的象征实践。正是通过象征交换实践中对语言符号的"委婉表达"和"策略性使用"，主体得以在传播场域中实现某种"劝服性话语"的生产，并使其成为一种合法的社会认知。哈贝马斯指出："合法性意味着某种政治秩序被认可的价值——这个定义强调了合法性乃是某种可争论的有效性要求，统治秩序的稳定性也依赖于自身（至少）在事实上的被承认。"[2]也就是说合法化意味着一种政治秩序有充分的理由和根据，得到了人们的认同。任何一种社会制度都必须建立在被人们认可的基础上而被接受。韦伯区分了合法化建构的三种类型：理性根据（靠颁行规章的合法性）、传统根据（靠自古以来传统的神圣性），以及感召力（靠行使权威人物的卓越性），而这三种合法化

1　Habermas, Jurgen. "Hannah Arendt's Communications Concept of Power." *Power. Ed. Steven Lukes*, Oxford: Blackwell, 1986: 76.
2　[德]哈贝马斯：《交往与社会进化》，张博树译，重庆：重庆出版社，1989：184。

建构类型与亚里士多德在《修辞学》中所描述的非事先存在，是通过一定方法的应用由修辞者产生的"人工"说服手段有着惊人的相似性。"人工说服"手段所包括的诉诸修辞者人格、诉诸受众情感，以及诉诸言说中蕴含的"说服性"即道理的证据正是西方修辞学所系统研究的核心内容。

汤普森在《意识形态与现代文化》一书中提出意识形态的一般运行模式并叙述它们在特定环境下可能联系象征建构谋略的某些方式，并明言这将是一个丰富的分析领域。他从复杂多样的意识形态现象中进一步归纳并区分了五种意识形态的一般运作模式[1]：

1. 合法化。根据马克思·韦伯的"合法化理论"，统治阶级可以被大众传媒、宣传机构和立法机构描述、宣传为合法而加以建立。

2. 虚饰化。"虚饰化"是指统治关系可以通过掩饰、否认和含糊其辞、或对现有关系或进程转移注意力或加以掩盖的方式建立和支撑。

3. 统一化。"统一化"是指把人们都包罗在集体认同之内而不问其差异和分歧，从而建立和支撑统治关系。

4. 分散化。通过分散那些可能对统治集团造成有效挑战的人和集团，或者通过使潜在反对势力面向邪恶、有害或可怕的目标。

5. 具体化。可以通过叙述一项过渡性的历史事态为永久性的、自然的、不受时间限制的方式来建立和支撑统治关系。（如表所示）

表3.1 意识形态的运行模式

一般模式	一些典型的象征建构谋略		
合法化	合 理 化	普 遍 化	叙 事 化

---

1 [英]约翰·汤普森：《意识形态与现代文化》，高铦等译，南京：译林出版社，1980：67-68。

虚饰化	转移	美化	转义
统一化	标准化	统一	象征化
分散化	分化		排他
具体化	自然化	永恒化	被动化

对于如何要突出意义建构典型"谋略"的分析，汤普森认为这样可以初步标示一个关于意识形态研究的分析框架，使我们更容易觉察社会领域内象征形式被调动起来的方式，从而对意识形态的运行的一些可能性做出规定。同时汤普森做出了如下三点说明：第一，这五种模式并非意识形态运作的唯一方式，它们亦并非各自独立运行，相反这些模式可能相互重叠或相互加强，而意识形态在特定环境下可以有别的运行方式；第二，某些模式与某些象征建构谋略的目的只是举例说明，而不是提供完全彻底的分类；第三，象征建构谋略没有一个是固有的意识形态，判断其是否是意识形态，取决于象征形式在特定环境中如何被使用和理解，取决于其是否支持或颠覆、建立或破坏权力关系。探讨象征建构的典型谋略能使我们觉察到意义可以在社会领域内被调动的某些方式，可以对意识形态运行的一些可能性做出规定，但这不能取代对象征形式在特定环境内与权力关系相交叉的方式进行严谨分析。依据他的分析，意识形态运行的五种一般策略种包含两种内在的趋向：一种是"趋同"，通过策略获得一种共同体的观念，增强群体的认同；另一种是"排异"，通过排除某些不利于权力关系的信息，转移注意来削弱哪些不利象征形式生产、传输和接收的因素。

荷兰批评话语分析学者范·戴克对汤普森的"分散化"策略提供了更为细致的注脚。他在大量经验研究的基础上进行意识形态的理论构建，在1998年出版的《意识形态：跨学科的视角》一书中，范·戴克提出了基于话语分析的意识形态理论，将意识形态理解为特定社会群体借助语言影响人的思想的文化中介系统。意识形态在很大程度上是依托文本和语言存在的，意识形态是一种为群体所共享的社会再现（socail representation）的观念基础。在谈到话语中不同层次的语言学单位如何再现意识形态时，他提出其中的关键在于如何再现"自我"与"他者"，也就是说当话语涉及处理我们和他们的论述时，立即就会启动一组集体的图式对其加以识别，如涉及自我群体的再现时所启动类目就包括：

成员的资格：谁属于我们？谁可以被认可是属于我们的？

作为：我们要做什么？

目标：我们为何要这么做？

价值：我们何以应该这么做？

位置：我们位于何处？与他者团体的关系是什么？

资源：我们拥有些什么？我们又缺少些什么？

由于再现涉及社会集体认同的建构乃至集体利益的冲突，所以在涉及"他者"群体时，通常都是带有偏见的，也通常都是以两极化的形式呈现的，即两级化策略（strategy of polarization）。范·戴克提出一种"意识形态方阵"（ideological square）的分析策略，亦即在触及族群议题时，籍由一种归类所形成的"功能移动"，有效地将"我们"与"他们"予以区分并加以对立，其中特别是针对我群的赞扬以及对异己的贬抑[1]。

在范·戴克看来，意识形态在某种程度上反映了一个团体的自我归类的图式，将某些团体所集体认同的特别加以类目化，如目标、规范、集体行为等，再通过归类的方式将社会中的人们予以区分并并加以对立，

---

1 Van Dijk, *Teun A. Ideology: A Multidisciplinary Approach*. London: Sage Publications, 1998: 25.

这种分类可以划分为下面四个方阵[1]：

1. 着重强调我们正面的品质／行为

2. 着重强调他们负面的品质／行为

3. 尽量淡化我们负面的品质／行为

4. 尽量淡化他们正面的品质／行为

范·戴克运用意识形态方阵来分析媒体文本中不同层次中的"意义"包括命题结构、语句语法、论述形式、修辞等。两位学者对意识形态运作方式的探讨对我们考察意识形态具有重大的参考价值。

第二节 意指概念的修辞运作模式

一、意指概念

斯图尔特·霍尔（Stuart Hall）将意义争夺的过程等同于文化领导权的争夺过程，将意义争斗的手段界定为符码表征和意指实践两种方式，即文化和意义是通过符码表征和意指实践构造出来的——"正是通过文化与语言的方式，社会的意义得以生产和传播"[2]。同一个符号，所对应的意义可能是完全不同的——但在各自的话语框架中，却又是合理的。

1　Van Dijk, *Teun A. Ideology: A Multidisciplinary Approach*. London: Sage Publications, 1998: 33.

2　Hall, Stuart. *Representation: Culture Representations and Signifying Practice*. London: Sage Publications, 1997: 5.

对同一个伦理价值概念作出完全不同，甚至截然相反的陈述，而且还有用完全不同的价值概念去看待和指称同一个行为。"9·11"事件就是一个例子，有的人称之为恐怖主义的"残害"，有的人则称之为反抗西方霸权的"正义"之举；同样，国际政治场域中的"人权"，不同国家都根据自己的话语结构和旨趣关系来解释其意义。当各个政治集团都根据自身的政治利益和经济利益对这些关键性的符号概念给予完全"个性化"的阐释和管理时，一种致力于合法性争夺与认同建构的社会秩序、意义网络、权力关系也就随之被搭建起来。

如果从话语修辞的维度进一步审视符号意义的生产方式，我们不禁要问：赋予文化领导权以决定意义的话语符号究竟是一些什么概念？在《意指概念：行走于修辞与意识形态之间》一文中，迈克尔·迈克吉提出了著名的意指概念理论。正如其英文单词"ideographs"所揭示的那样，意指概念是被特定话语专门"拣选"的一些符号术语，是"对一种倾向（orientation）的术语式的总结，是用来象征人们追求的最简练的论题线（line of argument）的'上帝'或'最终'术语"[1]。"意指概念是政治话语体系中的一种普通语言术语，它致力于以一种高度抽象的符号行为来回应并再现那些模棱两可或界定有误的现实目标。意指概念不仅保障了权力的合法化运作，而且能够宽恕那些早先被认为是怪异的或者反动的行为举止，同时能够有效地将某种行为和信念平稳地引向可以被这个社群所接受、所认同的话语渠道"[2]。意指概念的意义并非来自其与生俱来的自然属性或物理属性，而是外部话语作用的结果，这也是

1　McGee, Michael C. "The 'Ideograph,' A Link between Rhetoric and Ideology." *Quarterly Journal of Speech* (66) (1980): 7.

2　McGee, 1980: 17.

为什么霍尔敏锐地指出："自人文和社会科学的'文化转向'以来，意义并不是被简单发现的，而是被生产建构出来的。一个意指概念一旦被生产出来，它便创设了一个巨大的语义场，各种话语都试图对意指概念的意义争夺来重新确认自身话语的合法性。当不同权力话语或修辞主体对意指概念的意义进行争夺和再造时，它便创造了福柯所说的'话语性场域'（the field of discursivity）。"[1] 意指概念常常指向意识形态范畴，是意识形态发挥作用所征用或使用的一系列符号概念。我们所熟知的国际政治场域中的"人权""自由""法制""启蒙"等，民族主义场域中的"身份""国家""忠诚""共同体"等，女权主义场域中的"平等""主体""父权""差异"……可以设想，倘若这些意指概念"缺席"，相关议题就失去了主体感知的符号载体以及话语表征的逻辑支撑。

意指概念不同于一般的符码术语，是服务于特定意识形态目的，被特定话语专门"拣选"的符号术语。普通概念之所以上升为意指概念，是因为他被纳入到政治话语序列。意指概念具有普遍的公共性基础，在公共议题构造上具有不可比拟的符号优势与潜力。迈克吉指出："一个社团的意识形态是在特定的修辞话语中使用这些意指概念而形成的，因为这些意指概念的使用形成了那些人的具体行动和信念的理由"[2]。意指概念往往是一个模糊的、不确定的、深陷于权力话语争夺状态中的"浮动的能指"（floating signifiers）。正因为意指概念与其所指意义之间勾连关系的随意性和不确定性，使得建立在意指概念基础上的意义争夺实践成为可能。正是借助意指概念强大的议题建构和争议再造能力，社会现实最终在修辞学意义上被合法化表征了。在当下日益复杂的政治场域中，

1　Hall, 1997: 32.
2　McGee, 1980: 16.

国家之间都在进行一场有关政治资源的争夺战：一方面体现为"以直接的方式"对"硬性权力"（如主权、军事、经济）和"软性权力"（如文化、声誉、形象）的争夺，另一方面体现为"以修辞的方式"对意指概念的争夺，以及建立在意义争夺基础上的对"修辞权力"的争夺。这些需要被重点阐释的意指概念包括"民主""统一""人权""启蒙""革命""可持续""安全""稳定"……每个国家都根据自身的政治利益和经济利益对这些"浮动的能指"进行完全"个人化的阐释"，因而揭示了意指概念如何在"话语性场域"中演变为"模糊而暧昧的空集"。

迈克吉指出："'修辞学'这门关于话语的理论的诞生应归结于有关话语和权力之间相互关系的思考。"[1]他在修辞学层面系统地阐述了意指概念如何赋予事物强大的象征交换力量和意义置换功能。他将意指概念理解为推动社会实践的核心动力要素："当某一共同体中的意指概念被运用于具体的修辞性话语中时，意指概念的作用便产生了。意指概念是最基本的被建构的事物，是意识形态大厦构建的砖瓦泥沙。"[2]换言之，意指概念的意义并不是永久的、僵化的，而是一定关系网络的产物，它解释了特定关系网络中意义生产的机制。正如迈克吉所说："一个意指概念，必须在其与其他事物的关系中来理解。"由此可见，在迈克吉的意指概念理论中，意指概念并不是某种哲学的抽象，而是对应着"话语性场域"中一系列具体的真实符号，在一定意义上"对人们的行为和信念发挥着引导、授权、质疑或申辩的功能"[3]。同时作为一种修辞的力量，意指概念是"我们所处社会的最终界定方式，从出生那天起，我们就毫

---

1 Corbin, Carol. *Rhetoric in Postmodern America: Conversation with Michael Calvin McGee.* New York: Gulford Press, 1998: 27.
2 McGee, 1980:16.
3 McGee, 1980：6

无选择地被置于各种意指概念所标注的社会关系之中，这些意指概念实际上已经成为我们寻求并接受特定'归属感'的实实在在的理念"[1]。

我们可以通过探究关键词汇或术语（意指概念）的特定用法来揭示话语中暗含的意识形态。意指概念为话语的意识形态研究指明了一条道路：事实上，意指概念的选择就是意识形态立场的选择；选择了某个意指概念，就意味着选择了某种行为倾向。言说者通过造势渲染某种特定政治氛围，引导乃至影响听众/读者的态度与政治立场，以最终达到劝说听众/读者与其站在同一战线之目的，用修辞学的行话来说，与听众/读者取得认同。意指概念的修辞运作可以描述为：在意识形态的修辞情景的制约、影响下，修辞者通过意指概念，诉诸其蕴含的意识形态，使修辞者的观点、主张或行为与该意识形态一致起来。这样，听众就面临要么支持修辞者的观点、主张或行为，要么冒因违背该意识形态而受社会谴责或惩罚的风险。通常情况下，听众会选择前者。在这个劝说过程中，修辞者与听众在意指概念所蕴含的意识形态中获得了共识，也就是说，修辞者通过意指概念，诱使听众与其一样思、想、行，即与修辞者合作。例如当关涉"恐惧"与"安全"的意指概念已经无缝渗透进公众的认知图式中，并且和某些特定的社会问题联系在一起时，久而久之，恐惧便在直觉上成为理解这一社会问题的唯一合法的钥匙。

博克在1966年提出的"辞屏"也为此提供了进一步的理论支撑。按照博克的观点，一个社会的集体观念和意识经由某些镜框式的或漏斗式的术语或概念所构建起来的一面屏幕来认识并理解这个世界，并将其视为解释世界的修辞资源，即人们对于世界的认知和经验最终都雕刻在

1　McGee，1980：9

特定的术语或概念上，而且只能存活在对特定术语或概念的意义再现之中，因此围绕这些概念与术语而展开的意义争夺便成为合法性争夺的基本方式。换言之，"随着时间的飘逝，人们会将某些术语汇聚在一起，形成一面人们观看世界的屏幕，透过这面屏幕，人们得以清楚得分辨什么经验是最重要的，这些经验都意味着什么，我们又要为此付出什么行动"[1]可见，博克的"辞屏理论"和迈克吉提出的"意指概念理论"都是通过特定的概念或术语上"大做文章"以此来实现自身话语的合法陈述，并诱使大众沿着预先设计好的屏幕观看进入，进而使得大众关于世界的认识、经验和知识都最终汇聚在那些预先构造出来的概念或术语上，这样大众媒介就可以通过对这些概念或术语的意义争夺而轻易地控制大众的思想和行为。

二、意指概念的两种分析路径

意指概念是被构造的一种符号形态，也就是被符号化了的概念或术语。所谓符号化，就是赋予意义的过程和行为。从符号学视角切入，分析意指概念的符号化过程及其背后的权力机制，是意指概念研究的基本分析路径。由于意指概念创设了一个巨大的"话语性场域"，透过意指概念的意义生产机制，我们能够窥视到一个更大的修辞世界，也就是发现不同话语之间的博弈关系。从这个意义上讲，意指概念分析意味着一种崭新的批评范式，它既是接近社会历史的认识论，也是探讨不同社会

---

1 Peterson, T. R. and Peterson, M. J.,"Ecology auording to Silent Spring's Viision of Progress." And *No Birds Sing: Rhetorical Analysis of Rachel Carson's Silent Spring*. Ed. Craig Waddell. Carbondale: Southern Illinois University Press, 2000: 76.

群体的修辞实践的方法论。在符号学意义上，作为一种最基本的符号形态，意指概念的方法论指向两个维度——历时分析（diachronic analysis）和共时分析（synchronic analysis）。

历时分析将意指概念置于社会变迁的历史语境中，考查符号意义与社会历史之间的互动关系。历时分析的基本假设是，每一个意指概念都是一个时代的"意义信号"，储藏着主导性话语最顽固的精神内涵和劝服欲望，通过对意指概念的"知识考古"，折射出主导性话语的演变史。这种批评路径延续了文化唯物主义和知识考古学的批评路径，更多地关注意指概念在历史维度上的生命周期和意义历险。具体来说，历时分析强调回到具体的历史语境中，考查意指概念在历时结构中的意义变迁，以此比较完整地把握不同历史时期的"主导性话语"的权力轨迹。以"进步"这一意指概念为例，在三千年的西方文明史进程中，进步已经理所当然地成为一种自然秩序。追求进步，这是一种普遍的话语常识。每个时代的主导性话语都在竭力地重构"进步"的意义。在古希腊时期，"进步"意味着知识获得与理念形成，而知识与理念潜藏在自然的深层结构中，自然被赋予了特定的神秘感。在中世纪哲学那里，"进步"意味着在道德与灵魂层面向神性靠近，自然意味着彰显上帝的大能与荣耀的物质场所。在文艺复兴时期，"进步"指向科学精神和自由理念的进步，与自然保持适当的距离才能重树人的中心地位。在启蒙运动时期，"进步"指向科学技术和工业主义的进步，自然成为人类的征服对象。在跨国资本主义时代，"进步"的涵义被重新表征为经济增长，自然彻底沦为只具有资源属性和工具属性的对象物。可见，每一个时代的主导性话语都强调"进步"的价值，但在对"进步"的解释上却给出了不同的所指意义。透过"进步"的不同释义体系，我们可以发现人与自然之间伦理关系的演变轨迹。

共时分析关注某一意指概念在特定历史语境下的意义争夺状况。在特定时期，当一个意指概念被生产出来并抛向公共领域，其意义便要不可避免地接受不同话语的轮番改造与意义争夺。话语争夺的最终果实是合法性，而合法性则建立在对意指概念意义的绝对占有和完整解释的基础上。谁能够成功地对这些意指概念进行命名和管理，谁就能在这场符号争夺中获得领导地位。在任何一个共时维度上，每一种话语都试图征用特定的意指概念，并竭力对其给出一个排他性的意义体系，使其作为一种积极的、生产性的符号资源或知识形态参与自身话语的合法性建构。因此，如果说历时分析致力于提炼出一套有关意指概念意义演变的"正式语法"（formal grammar），那么，共时分析则试图揭示不同群体"加载"在特定意指概念上的话语压力及其意义争夺实践。共时分析显然是一种结构主义的方法，其秉持的理念是修辞话语中的任何一个意指概念必须与其他意指概念相关联并从中获得意义。所以，寻求修辞话语中的意指概念簇（cluster of ideographs）并对此分析与评论的过程就成为共时的意指概念分析的主要内容。

三、意指概念的运作方式

意指概念的修辞作用的实现方式有：使事物自然化、一致化、普世化、常规化[1]，如下图所示。

1　Hackley, Chries. "We are All Customers Now...Rhetorical Strategy and Ideological Control in Marketing Management Texts." *Journal of Management Studies* 40(2003): 1331.

　　修辞主体在意识形态的支配下选择性地建构社会现实，呈现与其观点、信念、行为一致的东西，同时遮蔽那些与其不一致的东西，实现意指概念的霸权化修辞运作。用博克的术语来说，修辞者使用体现意识形态的话语构成"辞屏"，限制了听众的认知方向，使其只能看到那些被呈现的、享有霸权地位的东西，而看不到那些被过滤掉的、被隐去的东西。作为结果，听众就被诱发与修辞者合作，赞成他的观点、主张、信念及行为。

表3.2　意指概念的修辞运作

自然化	指修辞者通过诉诸意指概念，使听众不质疑修辞者的观点、主张或行为。
一致化	指修辞者在其观点、主张与意指概念所蕴含的某种意识形态之间形成某种联系。
普世化	指修辞者使用浓缩意识形态的意指概念，使本来只在个别或具体条件下站得住脚的观点或行为变得具有普遍意义，即变成在一切条件下都站得住脚的观点、态度或行为，从而使听众被迫接受。
常规化	指修辞者通过使用蕴含某种意识形态的意指概念，把其观念、主张与该意识形态挂上钩，迫使听众接受它并将其维持下去，是从时间纬度上来说的。

第三节　接合实践

　　传统的观点认为，"事物"存在于物质世界或自然世界之中，因此事物的意义是由其与生俱来的物质属性或自然属性所赋予的，这种意义形成机制可以被概括为"意义发现论"。后马克思主义的创始人拉克劳和墨菲（Laclau & Mouffe）对此提出质疑，认为"意义发现论"不仅忽略了事物的"意义"在文化层面与政治层面的修辞学生产机制，同时也忽略了意义生产背后的"文化转向"命题和权力运作机制。[1]事物之所以存在意义，离不开"人"与"物"之间的想象性关系，这种想象性关系是借助语言与符号等指涉方式来构建并传递意义的。也就是说，语言与符号，只不过是运载意义的工具或媒介，因为它们作为表征我们想要传达的意义的各种符号来起作用。在他们看来，"事物"的意义并不是先天性地存在于其物质属性或自然属性之中，而是处在一个开放的、流变的历史语境中被反复界定、争夺与建构，因此也就无法将"事物"圈定在一个亘古不变的意义网络中进行识别和译解。"符号与意义之间的联结关系或映射关系并不是亘古不变的，而是完全处于一个偶然的、临时的、具体的、变化的意符系统之中，并且这种接合关系是特定语境下政治争夺和历史争夺的产物"。[2]齐泽克曾精辟地指出："事实从不为它们自身说话，而永远是被一个存在诸种话语机制的网络驱使着说话。"[3]因此，在"事物"的意义被各种力量轮番界定、争夺与译解的过程中，事物与符号、符号与意义之间产生了某种关联性，而接合实践的直接作用就是借助修辞的方式改变事物与符号、符号与意义之间的对应关系，即通过改变符号所运载的意义来重新界定事物的意义，通过制造全新的能指符号来支撑特定的意义网络。

接合（articulation）又被译为"勾连"，意为"一种构建事物与意义之间对应关系的意指实践"[4]。"接合"这一概念，旨在从修辞学意义上揭示政治运动的社会动员机制。拉克劳和墨菲在《霸权与社会主义策略：

1 Hall, 1997:5.
2 Angus, Ian. "The Politics of Common Sense: Articulation Theory and Critical Communication Studies." *Communication Yearbook*. Ed. Stanley A. Peetz. Newbury Park: Sage Publications, 1992: 540.
3 Zizek, Slavoj. "The Spectre of Ideology." Ed. Slavoj Zizek. Zondon: Verso, 1994: 11
4 Zizek, 1994: 105.

走向一种激进的民主政治》一书中提出了"接合"这一概念，它主要包含有两个方面的含义：一是用语言表达、表述等；二是指两个或几个构件通过特殊的联动装置相互连接，但是也可以通过这个联动装置将构件拆卸开来。在社会学领域中，接合的概念主要被用来描述构成社会结构的话语元素或要件之间的关系，它强调这些元素所形成的统一体只是暂时性的、流动性的，而不是必然地连接在一起的。在不同的历史语境、旨趣阶层、民族国家和地缘空间中，同样的概念符号可能指向不同的意义。

"接合"作为一个宽泛和抽象的理论，可以帮助我们更形象地理解文化：各种"接合"世界的方式在文化这个竞技台上持续不断的结盟和冲突，意义从来不是固定的、终极的和真实的，而只能是语境化和依条件而定的，并且永远为权力关系所染指。接合往往通过诉诸特定的话语方式，强调在特定的话语陈述体系中将事物勾连并置，从而赋予事物意义以合法性和正当性，达到最佳的劝服功能。可以说，接合就是一种修辞学意义上的意义生产途径。事物之所以在特定的历史背景中呈现出某一特定的意义，从根本上离不开霸权话语所启用的接合策略，因为事物往往按照霸权话语所预设的诠释体系获得某种"授权的意义"。接合实践往往体现为对一系列意指概念的发明、构造与意义争夺。接合实践发生的两个重要途径是符号发明与框架争夺。所谓符号发明指的是发明与构造一系列新的符号资源。例如，当一些新的意指概念，如"环境正义""生态移民"等被发明出来，一个巨大的"话语性场域"（field of discursivity）便被构建起来，使得在环境正义框架中进一步审视其他类似的环境事件以及遭遇环境不公的特殊群体成为可能；另一方面，除了发明和构造新的符号资源，对一些已有符号资源进行二次诠释和框架争夺是实现接合实践的另一个途径。例如，"进步"这一符号概念就被各种话语轮番争夺，不同时代的霸权话语强行赋予其特定的指涉意义，以此建立或修复自身话语的合法性。然而，正如迈克吉所说，"'进步'这一概念体系总是处于一个动态的演变轨迹中，其演变过程实际上受制于修辞本身所指涉的象征意义以及政体结构所施加的压力强度。"[1]"进步"这一能指的意义呈现出一种浮动和争夺状态，本质上是因为"进步"被勾连到不同霸权话语支配下的"话语框架"，因而获得了新的诠释和意义。由此看来，接合是指向事物意义的一种修辞学建构方式，其目的就是建立事物与特定话语的关联性和对应关系，进而赋予事物诠释行为一定的"话语框架"。拉克劳和墨菲特别强调"话语框架"在接合实践中的重要意义，提出我们之所以会按照特定的思维方式理解事物，本质上离不开存在于意识深处的话语框架。它不同于一般框架理论所提到的框架，是一种经由话语建构的极具劝服力的认识方式。话语框架的认识逻辑指向深层次的话语体系，其修辞动力来自话语，是一种话语性的认知框架。话语框架决定了人们的思维方式，如同一个时代的集体无意识；同时也预设了一种既定的认同逻辑。成功的修辞者往往是建构某种话语框架，使其成为权力话语的标志性"产品"，从而使主体沿着预先设定的诠释体系展开认同过程。正如拉克劳和墨菲(Laclau and Mouffe)所说："话语框架不仅构成并组织了社会关系，而且是接合实践的最终结果。"[2]

自"9·11"事件之后，西方话语苦心经营的标志性"产品"就是

1　McGee, 1980: 13.
2　Laclau, Ernesto, and Chantal Mouffe. *Hegernony and Socailist Strategy*. London: Verso, 1985: 15.

"恐怖主义"。事实上，2001 年 9 月 11 日发生的事件与 1995 年 4 月 19 日发生在美国俄克拉荷马州首府俄克拉荷马市的爆炸事件，以及 1993 年 2 月 26 日国际恐怖分子对纽约世界贸易中心的首次攻击，只有程度上的差别而没有性质上的不同。为什么类似的行为被赋予了不同的诠释体系，本质上是因为修辞主体采用了不同的接合策略，使这一行为被勾连到不同的话语框架中。由此看来，"接合实践'伪造'了事物和意义之间的连接关系，而接合策略就是通过诉诸于特定的话语框架，即致力于发现、激活、征用、甚至生产事物意义与特定话语之间的连接关系，进而沿着特定的话语方式完成事物意义的赋值功能以及话语深层的劝服目的"[1]。作为"语境元语言"的话语框架虽然提供了一套诠释体系，但同一修辞主体所征用的话语框架并不是固定的，在许多时候需要根据外在形势的变化（如宏观政治语境的变化、竞争对手修辞策略的变化、运动路线和结盟策略发生变化等）而适时调整自身的话语框架。也就是说，对于事物意义的构造机制而言，同一修辞主体的接合实践并非固定的、一成不变的，而是处于一种流动和变化状态之中。意指概念接合不仅成为意义表征过程中微观权力的运作方式，同时也成为意义争夺过程中话语建构的修辞策略。例如围绕"秸秆焚烧"这一冲突性议题，不同社会主体所编织的自身话语的合法性进行了研究，发现主流媒体在秸秆焚烧事件中主要呈现了六种框架:利用框架、政绩框架、惩罚框架、危害框架、愚昧框架和文化框架[2]。这六种框架将秸秆焚烧"勾连"到不同的问题语境中，从而赋予秸秆焚烧行为不同的语义网络，而这一过程所对应的修

1　刘涛:"接合实践—环境传播的修辞理论探析",《中国地质大学学报》,2015(1): 63。
2　刘涛: "PM2.5、知识生产与意指概念的阶层性批判: 通往观念史研究的一种修辞学方法路径",《国际新闻界》, 2017（6）: 71。

辞实践正是接合实践。

　　作为一种劝服性意义的生成方式，接合实践具有明显的修辞目的。接合实践不仅强调赋予事物诠释行为一个合法的话语框架，而且强调通过接合行为完成一种新的话语的生产。换言之，接合实践包含意义生产层面和话语生成层面的接合关系。一方面，接合实践的关键在于赋予事物诠释行为一个话语框架，从而建立事物与特定话语之间的勾连关系。这一有关事物意义生成的框架体系具有排他性、合法性、生产性等特点，通过从话语那里寻求意义生产的合法修辞资源，并"以话语的方式"实现意义赋值与深层次的认同。有关概念的发明、命名与构造，以及对其意义生产的话语征用与框架争夺，成为接合实践中最常见的微观修辞策略；另一方面，当一个事物进入既定话语的诠释体系，它便脱离了其原始的意义场域，接受一种替代性的意义赋值过程，从而构建一种新的"话语性场域"。这一过程往往伴随着一种新的话语的生产过程，为相应的社会行为赋予一种新的话语依据。

第四节　隐　喻

　　辞格是修辞赖以产生效果的主要手段，辞格及其研究历来是修辞学中不可或缺的一个组成部分。它是构成古典修辞理论中诸多概念和成分中最少表现出离心性倾向的一个。在西方修辞发展演变的漫长过程中，当古典修辞学科所辖的领地，如语法、文学、心理学、逻辑推论和论辩等纷纷独立，唯有辞格学依然固守修辞的阵地。辞格与修辞之间存在着一种特殊的关系，辞格的内在不确定性与修辞作为一个整体的不确定性一脉相承，同时其内在的活泼性与修辞作为一门艺术所具有的内在技术性和艺术性相辅相成。

历代修辞的批判者都将辞格作为攻击修辞的出发点，以此来剥夺修辞在一切"严肃""务实"的语言领域的应用。因此想要为修辞正名，就要首先恢复辞格的荣誉。这一点已经成为当代修辞大师的共识。当代美国修辞思想家博克、欧洲修辞学家勒布尔和佩雷尔曼、法国后结构主义文艺理论家热奈特和美国美学家科恩，都不遗余力地通过辞格来为修辞"平反"。对他们来说辞格绝非仅仅是一种文体手段，相反，"它是语言获得其'形体'，使观点的转化得以发生，使说者和听者的这一基本话语关系可以按照修辞目的加以调控的基本手段"[1]。

在西方学术史上，隐喻理论是微缩的修辞学，它的兴衰表征着修辞学的兴衰。享有"辞格之王"的隐喻，更是集中体现了修辞的内在工作机制，通过对隐喻的批评分析可以使我们更好地理解修辞与权力和意识形态的关系。

一、隐喻的遮蔽作用

修辞学家佩雷尔曼（1982）指出任何一种类比都突显了某些关系而同时掩盖了另一些关系。哲学家布莱克（1962）通过研究也发现修辞有着重要的过滤作用，即强调与遮蔽的双重功能，在这一过程中人的认识

1　刘亚猛，2004：234。

被调整了。以将战争比作博弈这一表达为例，布莱克认为，用象棋词汇来描述战争就会突出技巧，而战争的血腥性及其对人类感情的重创就会隐而不现。由于象征与人类思维机构的密切联系，通过改变人类用来组织思维的象征性框架，就可以改变人的思维，进而引发期望的行动。"象征性行为并不是中性的，被动的，而是在积极地构建社会现实，并对我们的行为具有导向性的作用"[1]。肖恩（Schon）在谈到隐喻在确立社会政策旨在解决问题时所发挥的作用时指出："然而，有一个不同的传统与隐喻概念相联系，这一传统认为隐喻对解释我们对世界的看法至关重要：我们对事务所持的观点，我们如何理解现实，如何确立我们所试图解决的问题。在这第二种意义上，隐喻不仅指某一特定结果———一种视角或框架或看待事物的方式——而且指某一特定的过程——对世界的新的观点的形成过程。"[2]肖恩在这里想要说明的是，对社会问题的看法由表征这一社会问题时所建构的隐喻所决定的。将毒品问题看作是"吸毒成瘾问题"或是"社会不良运作的症候"将导致政策的制定集中于社会志愿者、顾问和医护人员所发挥的作用，而宣布对"毒品开战"就会将重心转移到相关法律、惩罚措施的制定甚或是采取军事行为。在西方语境下，犯罪往往被隐喻为"病毒"（viruse）或"野兽"（beast）。这两个名词似乎包含的情感内核不尽相同，病毒隐喻会引导受众思考犯罪的起源与扩散机制，进而更倾向于温和的社会改革与教育政策；而野兽隐喻会引导受众关注犯罪问题的严重形势和遏制犯罪的必要性，进而更倾向于直接的强力执法政策。

1　Stillar, Glenn F. *Analysing Everyday Texts*. California: Sage Publications, 1998: 22.
2　Schon, Donald A. "Generatine Metaphor: A Perspective on Problem Solving in Socail Policy." *Metaphor and Thought*. Ed. Andrew Ortony. New York: Cambridge Univercity Press, 1993: 137.

莱科夫和约翰逊（Lakoff 和 Johnson）（1980）认为隐喻并非只是一种修辞手段，而是人类思维过程的一种机制，一种用于理解抽象概念和食物的重要机制。隐喻深深内化和隐藏于我们的思维机构之中，管辖着我们日常的运作，主宰着我们的行动。隐喻通过凸显现实的某些特点并隐藏其他特点的这么一个蕴含的连贯网络来定义现实。隐喻对社会现实的建构至关重要，对享有隐喻制定权的权势群体十分有利。这就说明话语不仅仅是作者试图强加于读者的某一意识形态的手段，而且还意味着话语中的隐喻代表着作者概念化世界的方式。因此通过对语言进行深入的分析，就使得我们能够对话语的思维模式中的基本问题做出解释。

二、隐喻所蕴含的评价

如果一种隐喻理论没有说明情感在隐喻过程中的地位和作用，那么它是不完整的。霍斯顿和汤普森（Hunston 和 Thompson）是这样定义评价的：评价"是一个宽泛的术语，包括说话人或作者对所谈论的某一实体或命题的态度、立场、观点和感受"[1]。隐喻涉及观点的表达以及我们对它的感知，这就解释了隐喻与评价之间存在的密切联系。在表达价值体系时存在两种选择：直接地表达和间接地表达。间接地表达常常以隐喻的形式体现，因为价值体系的字面表述不大会考虑到读者或听者的感受，而只是将一套价值观强加于他们。而在运用隐喻，尤其当它已成为表达某一观点的常规方式时，就会使其与广泛认同的共有的价值体系相符，从而使某一特定价值体系更容易被接受，因为它就处于被社

1　Hunston, S.C. and G. Thornpson, eds. *Evalution in Text*. Oxford: Oxford University Press, 2000: 5.

会所接受的框架体系之中。

隐喻通过以特定的方式来组织现实，同时也限制了我们所应采取的行动。隐喻包含内在的观点和评价，它们导引对某一特定事物的态度，并为特定行为方式提供动机。当我们把时间比作金钱时，我们期望对方采取特定的行为。我们期望能够根据我们所劳动的时间得到报酬，我们根据花费的时间是否值得来决定是否参加某一活动。同样当采用"疾病"的隐喻来描述某一社团，就会激起我们去除病患部位，治愈疾病，而用"邻里情谊"来描述同一地区时，我们就会对其有肯定的评价，同时关注该地区的稳定和非正式的协作网络。不论采用何种隐喻来标识或体验某一现象，都暗示了一种评价和其所期待的适当的行为方式。

隐喻就其本质来说是一种说服性的话语行为，因为它邀请交际双方超越语义体系来达成一致的观点。隐喻在公众演说中发挥的修辞功能是说服受众接受某一观点。隐喻所具有的强大的情感感召力使它在实现说话人的潜在说服意图方面十分有效。当代美学理论家科恩认为："辞格深化了修辞关系：辞格的最基本效用是在说者和听者之间催化出一种不同寻常的密切关系，促使他们进入一种自觉互动状态，迫使他们为了应付辞格的解读造成的挑战而'积极地相互接触'。"[1] 他指出，隐喻使用的一个重要目的是拉近其构筑者与理解者之间的距离，或者说密切了二者之间的互动关系。因而要分析隐喻，常常要探索说话人感知世界的独特的方式，探索说话人回应某些情势和某些观点的基础，而这又常常涉及到潜在的评价体系。传媒话语和政治话语中的隐喻，其功能已经超越了简单地说明目标域，而成为一种引导大众意识形态，维持或反抗现有

1　Sacks, Sheldon. *On Metaphor*. Chicago: University of Chicago Press, 1979: 7.

权力的手段，而这正是同隐喻所蕴含的"评价"及其使语言"感情化"的功能紧密相连的。

三、隐喻所体现的权力建构

隐喻中的权力体现为对事物之间相似性的建构权，借助这种建构权，人们可以对事物进行符合自己意识形态与社会权力的界定、划分与归并；而这种建构权本身也是社会权力分配体系中很重要的一个方面，当所创造的隐喻为人们所接受，那说明人们对该隐喻所呈现的相似关系的认同，对创建者建构权的认可，在接受并使用该隐喻的时候，人们已自觉地将自己纳入到隐喻背后的意识形态和社会权力分配体系。隐喻是一种意义生产的再造形式，其终端便是对事实本身的解构。隐喻的象征意义越强，人们距客观真实就越远。当扩展成权力——知识——的组成部分时，隐喻的构建意义就可能大于事实本身。

"隐喻通过词语的交换和借代不仅增加了语言的丰富性，而且还成功完成了使每一个事物都得到命名这一极其艰难的任务。"[1] 由于在人类各个活动领域，新事物、新情景、新形式不断涌现，它们亟待被命名和表述以便人们能对其进行定性、理解、讨论、掌握和处理。"9·11"事件使美国骤然出现新的形势，出于某些政治利益和意识形态的动机，小布什政府将那个美国从未面临过的全新局面称为"战争"（尽管 2001 年 9 月 11 日发生在美国的事件无论从哪个意义上说都不符合"战争"的本义），将这一突发事件加诸美国的那个同样史无前例的新任务表述为

1　刘亚猛，2004：235.

"从地球上根除'恐怖主义'",并进而将少数几个与美国交恶而彼此之间显然不存在任何特殊联系的国家按照上述新形势、新国策的要求拼凑在一起,树立为"反恐战争"的敌对面,统称为"邪恶轴心"。事实上,"战争"一词的本义是发生于国家与国家之间或者同一国家内部不同派别之间的一种公开而且延续了相当一段时间的武装冲突,而2001年9月11日发生在美国的事件不管从哪个意义上来讲,都不符合"战争"的本义。假如我们认定当天发生的事件明显是一个受政治动机驱使而犯下的大规模谋杀/自杀,也就是说是一个司法事件,则将它称为"战争"就是在使用一个隐喻。而假如我们觉得这是一个没有先例而且一时无法理解、难以定性的事件,则称之为"战争"就是在使用一个偏喻。其次,布什政府在"9·11"之后全力以赴进行的"反恐",虽然听起来像是针对当今世界上所有试图以恐怖手段达到政治目的的组织和个人,实际上其目标却具体得多,只包括以基地组织为代表,以造成损害美国利益的恐怖事件为手段的"反美"分子和团体。对于针对其他国家利益的恐怖组织和恐怖活动,美国政府的态度则十分暧昧。在这个意义上,"反恐"在眼下的美国官方语言中,不仅是一个以整体取代部分的提喻,而且也是一个以抽象取代具体的换喻。最后,用"轴心"的实意,即轮子围绕着转动的那一圆柱体来指称一个国家团体,毫无疑义是一个隐喻。由于这一隐喻在第二次世界大战期间被用于指称由德、意、日组成的法西斯同盟,"邪恶轴心"同时又是一个影射,并且还是将历史上十分著名的一个隐喻从其原来的语境移植到当代另外一个全然不同的语境二形成的一个双重隐喻。

"战争""反恐"和"邪恶轴心"三个基调辞格所造成的效果却是重

大而深远的，它们构筑了后"9·11"话语的基本骨架，为随后在美国乃至国际公共领域内生成的各种意见、观点、理论及其相互交流和交锋预设了框架并定下了基调，从而先发制人地否定了从其他"角度"来"表述"后"9·11"事态的合法性和正当性。例如，从诸如国际法、种族宗教关系、世界史，尤其是用中东近代史等角度评论这一事态的空间被压缩得几乎荡然无存。小布什政府正是通过"战争""反恐""邪恶轴心"等隐喻的配置和使用，占据了后"9·11"事件话语流通领域的制高点，在话语、舆论、政策、意识形态等战线取得了突出的效果。我们不得不承认这是一个在宏观语境内运用象征手段影响受众的认识、态度、行为的修辞工程。

四、隐喻的论辩功能

隐喻对权力的建构同其在论辩中发挥的重要作用密切相关。当隐喻被看作我们认识世界的方式之一时，它就会在论辩中发挥特定的作用。隐喻不仅仅能够提供对论点的支撑，事实上，隐喻本身的结构就可以说理。隐喻通过说明某一事物的相关特征被挪用于另一事物的相关特征，邀请读者来接受随即产生的观点。如果读者发现两个事物之间的特征相互关联，并认为两个特征体系的联系是恰当的，也就自然认同了隐喻所提供的论点。佩里（Perry）的研究调查了寄生隐喻如何在希特勒修辞中构筑其论点，"希特勒对作为文化存在的犹太人的身份的批判……并不是通过寄生隐喻得以说明，相反寄生隐喻建立了该论点。"[1] 隐喻不仅

1　Perry, Steven. "Rhetorical Functions of the Infestation Metaphors in Hitler's Speech." *Central States Speech Journal*. 34(1983): 230.

同传统的论辩结构有着相似的功能，而且更全面更有效地达到了论辩的目的。修辞学家佩雷尔曼在谈到辞格和论辩的关系时，曾援引朗吉纳斯在《论崇高》中表达的一个观点，即"最杰出的辞格是完全隐而不露，因而不被识别出来的那个辞格"，并由此引申出另外一个重要区别："如果辞格的使用导致视角的改变，而且这一辞格在其带来的新形势中显得毫无反常之处，那它就是一个论辩辞格。"[1]

莱科夫也曾论述过隐喻在战争中的说服功能。在第一次海湾战争之前，布什总统宣言"萨达姆正在威胁我们的石油生命线"，因此美国应该主动出击，打击敌人，维护自己的利益。在 2003 年的海湾战争中小布什总统又宣称"萨达姆是一个暴君"，因此美国需要扮演解放者的角色。这些隐喻的建构成功地帮助美国政府说服民众，达到了发动一场"正义"战争的目的。李（Lee）提出要注意隐喻使用的理据性，尤其是隐喻是怎么出现的，它的功能是什么以及它是如何为这些功能服务的。在讨论核武器时，"显然通过使用工业和经济话语可以唤起人们对促使经济繁荣的生产手段的好感，人们很容易反对将同样的财力和物力投入到大规模的核武器生产中"[2]。

"隐喻"是控制话语权的一大利器。隐喻常常蕴含着丰富的意识形态。例如安德鲁·格特利（Andrew Goatly, 2007）的 *Washing the Brain : Metaphor and Hidden Ideology* 就专门研究了隐喻中所隐藏的意识形态。"隐喻在构建社会现实和政治现实中起着重要作用。"[3]赛思·汤普森（Seth

---

1　Penelman, Chaim. *The Realm of Rhetoric*. Frans. William Kluback. Indiana: University of Notre Dame Press, 1982: 38-39.
2　Lee, Parid. *Competing Discourse: Perspective and Ideology in Discourse*. London: Longman, 1991: 87.
3　Lakoff & Johnson, 1980: 159.

Thompson）所写的一篇论文 *Politics without metaphors is like a fish without water* 也是很好的佐证。在人类的社会活动中，隐喻与政治有着必然的联系。"政治的世界是复杂和充满价值观的，无论在认知上还是在感知上都远离人们即刻的日常经验。"[1]1991年美国对伊拉克发动"沙漠风暴"的前夕，Lakoff 通过互联网发表了题为"政治中的隐喻"（*Metaphor in Politics*）的公开信，从隐喻的角度批驳美国政府所制造的战争舆论，揭露了对伊战争实际上是服务于美国国家利益的。公开信中提出了一系列概念隐喻，深刻地揭示了美国当时的外交政策，特别是对伊拉克政策的性质和特征。查尔顿和沙夫纳（Chilton 和 Schaffner）提出合法化（legitimatization）和非法化（Delegitimatization）的概念。他们把合法化解释为政治活动者在以直白或映射的方式提出理由让人信服遵从时所使用的语言技巧，其中就包括隐喻的使用。政治活动者利用隐喻等语言技巧，一方面极力宣扬自己的政绩和美化自己的正面形象，另一方面丑化、诋毁对手的形象，攻击对方的政策。

隐喻将不可感知的转化为可感知的，将陌生的转化为熟悉的，将抽象的转化为具体的，成为政治家言说政治问题的不二法门。在政治话语中隐喻之所以具有无可替代的作用，是因为隐喻能以特定的模式框架政治议题，设定议题解决的方向，从而提供阐释框架以影响政治决策。因此，考察政治话语中隐喻的框架模式，既可以了解说话人对受众的观念期待和塑型，也可以反观说话人的思想理念和意识形态。隐喻的影响在于它在潜意识层面的操作，越是不为人所意识到的隐喻，越是深层次的隐喻，越易为人所接受，影响力也越大。修辞的革命性，就在于它能够

---

1 Thompson, Seth. "Politics with Metaphors is like a Fish without Water." *Metaphor: Implications and Applications*. Ed. Mio, J. S.&A. Katz. Mahwah: Erlbaum, 1996: 185.

通过创造新的隐喻，从而挑战通过语言概念和语法而沉淀下来、被当作真理的固化的思维模式和价值观念。它使得我们从另一个角度审视我们身在其中的文化和传统，质询其合法性和其成立的前提、假设，摆脱蒙昧和遮蔽，从而取得相当程度的自由成为可能。

第五节 争议点理论——培养批判精神的利器

"修辞发明"历来被认为是修辞的中心议题，它指的是修辞者为了实现其最终的修辞效果，针对面临的具体修辞形势和任务进行构思和立意，寻求、探索、发现、确定和初步组织可说、该说、值得说的话，从而构建一个尽可能合理的、有说服力的论证过程。在西方经典修辞理论中，它和"谋篇""文采""记忆""陈述"构成了完整的修辞过程，是这一过程的中心环节。古希腊经典理论在谈论修辞发明时遵循的基本路径通常是首先根据言说的情景和目的对修辞实践的形态加以分门别类，然后确认某一个体裁允许讨论的那些"话题"和任何一个"话题"的子话题集，以及适用于所有修辞体裁的一般性话题。古希腊的修辞学家们普遍认为针对每一种修辞情景都有一套可以或应该加以发挥的常规主题，即亚里士多德所说的具体的"说服手段"的认定和应用是由修辞的基本目标——即说服特定场合中的的特定受众——决定的。

然而当历史的车轮驶入"希腊化时期"，以往修辞发明的一些常规认识受到了质疑。这些学者致力于构筑一个适应当时历史、文化条件的新范式，其代表人物就是公元前 2 世纪中叶的希腊修辞学家赫尔玛格拉斯（Hermogoras）。在是否应该将说服作为修辞发明的出发点这一问题上，赫尔玛格拉斯提出了一个全新的理解：任何修辞情景都是由存在着的或者至少是潜在的不同意见造成的，修辞发明的真正动力应该是使人们有必要诉诸说服的那个意见冲突。他将其称为"争议点"。按照这一新理解，修辞者在修辞发明过程中的首要任务不是搜寻和发现与体裁、情景相适配的常规话题，而是确定什么是内在于相关修辞形势的核心争议点。只有当具体的核心争议点获得确定之后，才谈得上探索和构筑自己的论点、论据。

赫尔玛格拉斯划分了四大争议点（事实、定义、品质、程序），为罗马修辞学家西塞罗和昆体良所继承，对后世影响很大。"争议点"的原文术语为 stasis，是一个典型的希腊语源词，意思是"立场"，从构词分析来看，它由两部分组成：词根 sta 意为"中止"或"停顿"，相当于英文的 stand（still）；-sis 可视为希腊语的名词后缀。该词的本义指的是"动态中止的点"。在拉丁文中，status 与希腊语中 stasis 一词意思相当。其词义相当于英文 strife 或 immobility，意为僵硬、静止，原指法庭中控辩双方僵持不下或争论不休的"争论点"，后衍生为公共和学术话语领域的"话题"，即修辞发明的"策源点"。赫尔玛格拉斯借用了物理学中的这个同时终止和开始的概念来描述修辞争议的发展过程，不仅描述了争议的具体所在，而且提供了解决争议所要采取的说服攻略。

在西方，由于庭辩修辞、议政修辞和仪式修辞协同一体的长期潜移默化，各种诉讼活动、各种竞选和公共辩论都使演讲成为公共生活中不可或缺的一部分，而争议点理论探讨的主要是庭辩修辞（forensic rhetoric）的发明流程、方法和策略，是对当时的法律话语实践的一种高度理论总结。争议点理论将话题的发明分别从所涉事件的事实、定义、品质以及程序（机构）安排等四个流程展开，实施步步为营、分进合击的话语策略。该理论旨在根据所涉及的每一个争议而将修辞问题（特别是实际的法庭辩题）加以归类，从而帮助修辞者辨别相应的论辩策略。"事实争议点"指的是围绕着事实认定发生的意见冲突；"定义争议点"是在针对事物的存在或事件的发生不存在争议的情况下，围绕该如何对这一事物或事件而发生的意见分歧和冲突加以"界定或定性"；"品质争议点"指的是针对某一事物或事件的看法和态度的各种相关因素仍存在有不同意见；当争议的焦点是应该如何处理分歧，则涉及的是"程序争议点"。根据这一理论，不管涉及哪一类型的言说，修辞者总是首先发掘出关于"事实认定"的不同意见，或对已经在流通的"事实宣认"提出异议，形成自己进行修辞发明的起因，并在事实层面挖掘出有助于到达自己修辞目的的所有话题和论点。只有当这一层面的修辞发明资源已无可以进一步利用的余地时，修辞者才应该将注意力转移到和"事实界定"相关的争议点，从而力图对该事实下一个尽可能有利于自己修辞目的的定义。如果在"定义争议点"上可说的话也非常有限，通过修辞手段掌控对该事实的定义的可能性不大或根本不存在，则修辞者应该集中考虑是否能够从伴随事实的各种相关情况中找到服务于自己修辞目的的各种说法。通过这一转向，修辞者将修辞发明的重心转移到所谓的"品质争议点"上，探讨在无法否认或无法重新定义某些事实的情况下，促使受众对它们加以"酌情考虑"的各种可能性。如果关于"品质争议点"可说的话也不多，则作为最后一招，修辞者应该考虑就讨论该案的时间和场合是否恰当，机构和程序是否合法等问题发难，也就是说，将修辞发明聚焦于所谓的"程序争议点"。

事实上前两个争议点都与定义有关，因为说理中要说服听众接受的"事实"，如果有争议，关乎的并非是客观事实，而是由理解和解释所确定的"事实"。这样的"事实"其实是一个包含着定义的"看法"。它的"事实主张"是事物的类属和属性的名称，并非客观实质。"事实主张"包含的定义往往是以命题陈述或其他类似形式出现的，用来修饰、说明、确定主语的性质或类属。以事实为争议点的说理提出的是"事实主张"，它要说明的是某某事物"是什么"，如果针对这个类属或性质本身就有争议，那么就需要对其进行说明和定义，于是事实主张就演变成为以定义为争议点的修辞发明了。比如，在有女性的饭桌上讲"荤段子"是"说笑话"还是"性骚扰"的区别就很大，因此可能成为说理的争议点。支持"事实主张"的最常用、最有效的办法就是举例说明。然而，不管采用多少例证，"事实主张"都可能引起反驳。反驳的方式通常主要有三种：第一是否认事例的准确性，如指责受害者在夸大其词或者说受害人数统计不准确；第二是举出相反的例子，如提出与控方提供的证据截然相反的证据；第三是对事实名称的定义提出怀疑，如对什么是正义提出不同的见解。在第三种反驳中，"事实主张"已经延伸和转化为"定义主张"。"定义主张"通常有两种不同性质的定义：第一种是"必要定义"（needed definition），即在说理中经常需要对一些重要概念或中心词加以特别说明或界定，而一般的字典定义是不够的；第二种是"争议定义"（disputed defintion），即对某种观念、价值、原则或重要概念提出看法。"定义主张"的说理结构一般有两个部分，第一个部分是设立标准；第二个部分是运用这些标准来衡量"定义主张"的对象。

争议点理论使修辞者在修辞发明过程中有一个明确的方向感，指引修辞者沿着四个已被明确界定的基本方向搜寻中心争议点，使他们不至于毫无头绪，不知从何说起。一旦中心争议点得到确认，修辞者就不难有针对性地发现或者发明出适用的说服手段。

事实上，如果我们考察布什政府在伊拉克战争中的修辞实践，就会发现国际世界中话语互动看似纷繁复杂，实质上也是"有章可循"的，"争议点理论"事实上成为我们理解复杂修辞互动的一个"指南针"。在伊拉克战争之前，布什政府就曾力图建立起伊拉克前政府拥有大规模杀伤武器的事实，将其作为开战的理由，然而由于缺乏上得了台面的过硬证据，就不得已转而诉诸国务卿鲍威尔和布什本人的人格以及美国中央情报局的机构权威。在所有这些努力未能奏效，所断言的事实仍然没有人接受的尴尬局面出现之后，这一"事实宣认"只能靠全球唯一超级强国的政治权力和军事威力来支撑了。由于对伊拉克的入侵和占领造成了该宣认可以轻易得到验证的新局面，在实在查无证据的情况下，布什政府只好退守定义和品质争议点，即"在当时以为是可靠情报的基础上做出的错误结论，而不是有意捏造"，"伊拉克流亡反对派组织背叛美国对它们的信任，提供误导性的虚假情报"，"不管怎么说，推翻萨达姆政权是一件公德无量的大好事"，从而力图给出一个仍然能听得下去的说法。

争议点理论将西方修辞的一个基本观念，即事实依赖雄辩、雄辩可以在事实确立过程中起关键作用这一观念进一步升华。该理论其实是将事实作为修辞发明的出发点和归宿，在深入思考修辞者如何雄辩地对付造成某一修辞形势事实的基础上，提出一套完整的策略。争议点理论对事实的那种压倒一切的专注表明了赫尔玛格拉斯重估了事实在修辞发明中所起的中心作用。争议点理论着眼的是雄辩对事实的能动作用，同时也强调了雄辩对事实的极度依赖。雄辩虽然可以对事实的认证过程进行影响和干预，但是，雄辩本身的成败得失却离不开事实。雄辩积极涉足于事实的确立过程，因为对修辞者来说，在能否确立其修辞发明所要求的事实以及什么样的事实最终被接受这一关键问题上，交织着太多太大的利害关系。事实必然是利益驱动下的一种雄辩构筑。

"争议点理论"（stasis theory）无疑是西方修辞学中有关内容策略的一个核心范畴，在古典修辞学和当代修辞学中具有重要的研究意义。争议点理论作为一个话语生成或者说"修辞发明"理论，"有助于在各种进入流通的'事实表述'的最终消费者中间培植其一种有益的批判精神，它所确定的四个基本争议点，开拓了人们审视诘问这些表述的思路而又使他们在这样做时有章可循，不至于陷入混乱和盲目其结果是对事实消费者的一种'加权'"[1]。尽管争议点理论源自当时的法律实践，但其适用范围不仅仅限于法律领域，即便在学术话语领域也大有用武之地。修辞者可以对在学术话语领域业已确立其权威地位并广为流通的各种论断、结论、断言，以及宣认的"事实性"地位发起挑战，在承担举证责任的同时，也获得了发声的机会。

1　刘亚猛，2004：65。

第四章

解构与建构：博克新修辞之于批评话语分析

第一节 新修辞运动产生的历史背景

一、对现代主义智力秩序的质疑

20世纪人类历史接连发生两次惨绝人寰的世界大战，促使了人们对于科学思维方法是否能够被应用于解决人类面临的重大社会和道德问题的进一步思考。毋庸置疑，科学的进步使人类物质文明获得了空前的发展，然而事关人类社会的政治、精神、道德、文化等重大问题却始终悬而未决。随着思想界开始从对科学理性不加分析的盲目信仰中醒悟过来，各种"反体制"理论于 20 世纪中叶开始风起云涌，这无疑是对西方三百年来保持统治地位的现代主义智力秩序的强烈冲击。对于现代主义认识论的一些基本设定的质疑和批判的声音时有出现，到了 20 世纪 60 年代之后，对这些信念的挑战开始形成了气候。一些语言哲学家提出一切知识都存在于社会和文化形态而非个人心智这一新信念。他们提出只有经由集体确认和保存的知识才是有意义的知识，纯粹源于个人内省和反思的"知识"则毫无意义，任何跟知识或认知相关的事物都只能在"公共领域"中获得意义。与此同时，许多以科学为研究对象的哲学家也不再奉现代归纳逻辑为圭臬，而是逐渐开始重视知识产生的历史和社会语境。科学知识不再被看成是恒定、普世、超然的信息，而是和某个"科学范式"密切相关。哲学家库恩就破解了科学知识的密码，"科学知识是通过科学界的论辩而不是通过新的发现而获得发展的。语言并非进行信息交流的清澈透明的媒介，而是模糊的、具有反弹性的，充满了文化偏见，即使在相当开明的科学领域，也是如此"[1]。因此在一定智力和社会语境中运作的"学科或专业"如何演变，对于"科学知识"的形成、认识和发展影响甚大。对交流和论辩的深入分析成为认识论研究的课题。

对"现代主义"的反叛和清算在"后现代主义"的旗帜下汇集为新的主流意识。"后现代主义思潮的构成复杂而多元。其中既有专事在现代主义思想内部开展'拆卸'工作、将现代主义基本范畴和方法深藏不露的内在矛盾暴露于光天化日之下的，也有在其外部、通过对现代主义

---

[1] 祁寿华：《西方写作理论、教学与实践》，上海：上海外语教育出版社，2000：48。

信念的语境置换揭示其历史局限性和意识形态本质的。更多的后现代主义者则采取'以进为退'策略，将目光投向'前现代人文主义者对不确定状态的宽容'"[1]。新涌现的后现代主义思潮与修辞传统有难分难解的关系，同时也为深受现代主义学术秩序压制的修辞学科的复兴提供了极为有利的发展条件。一旦对知识和认知的探索开始被"修辞化"，一个广阔无垠的发展空间就呈现在修辞学科的面前。

二、20 世纪西方新的历史环境

20 世纪西方内部经历了大规模、有组织的意识形态对抗，各种特殊利益的全面体制化，各个利益集团对公共领域的争夺，民权运动的兴起及其带来的社会改良等历史性变革等。在对外关系上，西方经历了非殖民化、经济全球化以及正日益演变为现实的"文明冲突"等具有深远影响的历史进程。这些冲突和变革强烈呼唤一个适应当代语境的新修辞艺术的产生。

修辞由古典时期的一种常规的微观实践，即由单一的修辞者为完成某一具体任务而对特定范围内的受众进行的各种说服工作，扩展、跃升为主要以宏观规模进行的一种新实践。西方修辞传统中的一些核心概念，如"受众""修辞者""言说""发表"等，其内涵在历史进入到 20 世纪后半叶之后无疑已发生了重大的变化。典型的修辞主体不再是具备卓越口头和书面表达能力的个人，而逐步演变为非个人的、往往具有相当规模的机构性实体，如政府机构、广告公司、公关公司、律师事务所等。

1　刘亚猛，2008：286。

修辞能力也不再高度集中于修辞者一个人身上，而是散布到不同的个人、群体和机构中间；典型的修辞受众转换为整个社区、阶层甚或国家的群众；典型的交流方式逐步多元化，通过多种多样的大众传播媒介和艺术形式诉诸受众。修辞由古典时期的微观实践扩展、跃升为以宏观规模进行的一种新的实践。传统修辞模式所预设的言说者，即一个"完全自主、充分意识到自身意图并且是自己所发表言辞的原创来源"的施为者，早已被马克思、弗洛伊德、尼采等理论家及其继承者"推翻"。

20 世纪新出现的种种典型修辞形势强烈呼唤着一个其外延扩展程度此前根本无法想象的大众传播。新传播技术不断得到发明和发展，而这一发展又为修辞场景、范围和语境的不断扩大提供了各种新的可能性。新兴的修辞实践产生并强化了一个重要认识，即修辞主体要想影响和改变一个庞大而复杂的受众群体的认识、态度和行为，唯有成功地调动、组织和运用所有领域和学科提供的可资利用资源。

三、尼采的修辞思想——新修辞的催化剂

19 世纪末欧洲思想界怪杰弗里德里希·尼采（1844—1900）对修辞学有着很深的造诣。他曾在巴塞尔大学开设过古典修辞学课程，其讲课内容成为之后他的《古修辞学描述》的来源。他的修辞观跟他的哲学观一样，充满了石破天惊的观点，具有划时代的意义。他的修辞思想极度超前，直到半个多世纪之后西方的智力环境发生变化，尼采的观点才逐渐开始受到重视。他对修辞价值的重估，对修辞学在 20 世纪的发展具有很大的影响和贡献。从某种意义上可以说，尼采的修辞思想催化了

20 世纪后半叶出现的新修辞运动。

在巴塞尔任教期间，尼采的讲课内容不仅概述了古典修辞学的发展和变化，还包含了他关于修辞学的重要洞见，即修辞同日常语言的根本关系，这些思考为他以后的研究奠定了基础。通过对这些讲义进行深入分析，可以发现：一方面古希腊修辞观对尼采的哲学思想有着深刻的影响；另一方面，尼采担负起了"重估一切价值"的重大使命。尼采在《权力意志》的文稿中就已着手"重估一切价值"的尝试，这种重估首先意味着颠覆知识体系中所谓的以"真理""上帝"等终极价值为追求的形而上学传统。尼采的价值重估工作是一种修辞性的颠覆，将真、善、美之物转化成虚构、欺骗、偏离的修辞性话语。

在尼采的所有著作中我们似乎可以总结出如下结论：修辞学是价值重估游戏的原初动力。尼采对修辞所进行的思考，试图最彻底地质疑和撼动理性哲学的根基——传统语言观，在他看来，这种语言观是建基于亚里士多德古典修辞学之上的。在这个语言图式中修辞是一个可有可无的派生性因素，为语法所驾驭，为语义表达或美学目的服务，语法和概念构成了语言的本质：语法作为语言的运作规则，遵循思想的运作规则——逻辑——而运作的；而对客观事物的指涉和再现的概念则保证了思想对客观世界和真理的把握。尼采针锋相对地提出并不存在"无修辞性的自然语言"（unrhetorical "naturalness" of language），所有的语言都是修辞性（rhetorical）的；语言本身就全然是修辞艺术的产物。修辞并不只是一种有意识的艺术（conscious art），在语言概念形成之初，它就已经以一种无意识的方式活跃于语言之中了。修辞成为主体抵达认知彼岸的舟筏，人在修辞中认识世界，然后交流并传承其认知结果。对尼采而言，修辞就是生命的能量，是生命在世界上得以展开的动力之源。修辞是一种思维的选择和对话的认知机制，具有天生的认知属性。人对外部世界的感知、人的价值观、评价系统都是通过修辞构建的。尼采为修辞学"平反"，从根本上颠覆了对于修辞的一些错误认识，即"修辞是与自然语言对立的造作"和"修辞是与真知不相容的虚矫"。他从古典修辞学传统汲取思想的火花，从根本上建立语言与修辞的亲缘关系。他拆解了"自然语言／修辞表达"这个二元对立，指出语言本身全然就是"修辞艺术的产物"，否认存在着一种"非修辞的'天然'语言"。语言不是基于"事物的本质"，即"真的本质"，因为词语就是一种"转义辞格"，它用跟发生过或存在着的真实事物毫无共同之处的某一"语音形象"来代表该事物。修辞因其面向接受者并以说服为目标，就必须注重语言表达（表演）的过程，各种转义手法和修辞格的使用必不可少，尼采认为这些皆为"艺术的"表达形式。不仅如此，语言"对事物的表达从来都不是完整全面的，它只显示在语言表达者看来该事物尤其突出的某一特征"。这意味着通过语言获得的必然只是一种"局部感知"，谈不上与事物"真相"的正确契合。

尼采对现代修辞学史最有影响的是《论超越道德意义上的真理和谎言》，无论是对解构主义还是对后现代主义，这篇文章的意义都非同寻常。米勒（Miller）称这篇文章的诞生"是修辞学史上的决定性时刻"[1]。在这篇文章中，尼采描述了最初的语词是如何通过隐喻（metaphor）的方式形成，又如何通过提喻（synecdoche）的方式产生概念。关于真理与修辞的关系，尼采有一段精彩的论述：

1　Miller, J Hillis. "Nitzshe in Basil: Writing Reading", *Journal of Advanced Composition* B.2 (1993): 325.

那么，究竟什么是真实？它是由隐喻、换喻和拟人 [等辞格] 构成的一个可变体，或者简单地说，是经由诗歌和修辞手段强化、转化和装饰过的各种人类关系的集合。这些关系由于日久天长而显得固定不变、权威正统、并且具有约束力。"真情实况"是一种错觉，是我们也已忘了其属性的那种错觉。它也是 [因长期大量使用] 已遭磨损、原有感官冲击力被耗尽的隐喻，是失去了表面压纹，只被当作金属看待了的硬币。[1]

在这段话中，尼采提出了语言的不确定性，语言从其本质上就是具有缺陷性的，语言是一个充满错觉的系统，这些错觉是由于对比喻的误解和理解而产生的。由于语言的介入，我们被永久性地和真实隔离了。尼采的修辞思想开启了当代修辞批评的先河，凸显了修辞作为思想范式的维度。正如德曼在《阅读的讽喻》中所指出的：尼采对形而上学批判的关键，就在于修辞；而其修辞思想的关键，则在于将亚里士多德古典修辞学中作为有意识的说服性修辞的概念，转向作为无意识的语言本质的辞转的概念[2]。尼采对"真实虚矫"这一长期压在修辞头上的基本对立进行了彻底的解构，从而在观念上为修辞精神重新勃发于 20 世纪下半叶扫清了道路。他的这些观点随着半个多世纪之后西方智力环境发生的重大变化而受到了推崇。在 20 世纪的转折点上，当尼采试图从修辞的角度，对语言、真理的性质，继而对所有传统的宗教、道德、伦理价值进行重估时，修辞范式又开始了全面的复兴。

---

1 Bizzell, Patricia, and Bruce Herzberg, eds. *The Rhetorical Tradition: Readings from Classical Time to the Present*. Boston: Bedford Books of St. Martins Press, 2001: 889-891.
2 Paul de Man, *Alleyories of Reading: Figural Language in Rousseau, Nietzche, Rilke and Pooust*. New Haven and London: Yale University Press, 1979: 11.

第二节 新修辞与批评话语分析

　　20世纪上半叶在全世界范围出现了两大变化：一方面，两次世界大战触发了对现代主义观念的深刻反思；另一方面，大规模战争和冲突又催生了建筑在大众交流基础上的新政治社会组织形态和运作方式。这两大变化为修辞研究创造了宽松的智力环境和巨大的社会需求，使这门古老的学科获得了继文艺复兴之后又一个千载难逢的发展机遇。20世纪60年代，当代修辞学家打着"新修辞"的旗帜，不但重新建立了以"修辞发明"为中心的研究范式，而且大大拓展了修辞学的理论视野，甚至试图将所有学术领域都纳入新修辞的研究范围。随着当代西方后现代主义思潮的涌现，修辞学从对文体的长期隶属关系中解放出来，成为话语生成、更新和运作，乃至人类思维的根本手段和方式。新修辞学是"用以区别于西方古典修辞学的概括性描述，是彼此相容但侧重点不同的多种新修辞理论的总称"[1]。新修辞学作为研究以语言为主的象征和社会现实关系的跨学科性学问获得长足发展。借助当代哲学、语言学、心理学等学科的成果，新修辞学向传统修辞学发起了一场声势浩大的改革，西方修辞学进入了历史上少有的繁荣时期，形成了"哲辩思想、互动观念和话语论理意识为基本特征的理论形态"[2]。

　　不可否认，批评话语分析作为一种话语分析流派已经在世界范围内发展为一个相对独立的学科，但是它的兴起却是和新修辞学同处人类思想史的同一个发展阶段。当新修辞学在美国形成一个学科的时候，在欧

1　Moran, Michael G. and Michael Ballif. *Twentie-Century Rhetoric and Rhetoricians*. London: Greenword Press, 2000: XX.
2　刘亚猛，2008：315。

洲大陆和英伦三岛，一些语言学家也在运用语言学的分析方法揭露在社
会中存在的种族歧视和各种不平等现象，以致形成批评语言学和批评话
语分析的语言学流派。在 20 世纪中叶的北美大陆，以博克（Burke）为
代表的新修辞运动修正了把修辞看作演说和写作的附加物或添加剂的观
点，认为修辞活跃和制约人的思想和行为，进而影响知识与现实的产生。
在新修辞学试图将修辞更紧密地与社会生活联系在一起的时候，在欧洲
大陆，范·戴克（Van Dijk）、费尔克劳（Fairclough）和沃达克（Wodak）
等语言学家正酝酿发起批评话语分析运动，试图通过语言分析来揭示社
会生活中的不平等和种族歧视现象，进而认识话语对身份的建构、对事
实的折射以及对社会活动的参与作用。

　　与欧洲大陆范·戴克（Van Dijk）、费尔克劳（Fairclough）和沃达
克（Wodak）等语言学家正酝酿发起的批评话语分析运动相呼应，20 世
纪后半叶出现的新修辞学运动试图将修辞更紧密地与社会生活联系起
来。国内研究批评话语分析学者田海龙指出："这或许是新修辞学俯身
向下做实际研究的一个证明，而这种'落地'在一定程度上也迎合了批
评话语分析的兴起，形成美洲与欧洲学者开拓语言与社会研究的一种呼
应与互动。"[1] 田海龙在其《新修辞学的落地和批评话语分析的兴起》一
文中指出："从体系形成的角度来看，新修辞学诞生于 1968—1971 年，
批评话语分析形成于 1989—1993 年，即使将批评话语分析的形成追溯
到 1979 年的批评语言学，它的形成也晚于新修辞学十年之久。但是，
这丝毫不影响二者同处于西方后现代主义对结构主义语言观的反叛大潮

1　田海龙："新修辞的落地与批评话语分析的兴起"，《当代修辞学》，2015（4）：
　　33。

之中。而且，新修辞学和批评话语分析还有着实在的或潜在的结合点。"[1]
这篇文章从三个方面探讨了二者之间的结合点。

一、跨学科特征

新修辞学和批评话语分析在跨学科的特征方面有着实实在在共同
点。首先，二者的理论基础都来自后现代主义哲学。关于新修辞学的理
论源泉，刘亚猛曾指出："使 20 世纪'新修辞学'获得其理论形态的
学者几乎没有一个具有修辞学科正式成员的身份，而是那些出身于文学
批评、法学、哲学、社会学等非修辞学科但又具有超越某一具体学科的
开阔视野、不以修辞学家自命的'杂家'。"[2] 他曾经以博克为例进行说明，
指出博克"从来都是以杂家的身份，从一个跨学科的视角探讨所关心的
问题。他的思想不管是被称为'文学批评'还是'修辞理论'，都是哲学、
文学、社会学、人类学、语言学、历史学、新闻学、心理学等不同学科
研究成果的融汇和综合。"[3] 在这一点上，批评话语分析与新修辞学有着
惊人的相似之处。批评话语分析不仅借助语言学理论，而且从社会科学
汲取营养，包括西方马克思主义、福柯、拉克劳和墨菲、巴赫金等的理论。

二、批评性特征

批评话语分析的倡导者公开宣称批评话语分析的目的就是要通过对

1　田海龙，2015（4）：36。
2　刘亚猛，2008：292-293。
3　刘亚猛，2008：321。

社会实践话语层面的分析揭露社会中的不平等，进而导致社会变革。实际上，批评之于批评话语分析，意即"将文本中隐藏的意识形态意义明朗化"，这与批评在新修辞学中的含义十分吻合。在批评这个特征上面，新修辞学和批评话语分析都体现出它们对社会问题的热切关注。批评话语分析对种族歧视话语的分析，以及新修辞学对女性和黑人修辞的分析，都体现出两个领域的学者希望通过自己的学术研究解决社会问题的强烈责任意识。

三、语言分析特征

不论是新修辞学对修辞者动机的分析，还是批评话语分析对隐含在话语实践中的不平等权力关系和意识形态的揭露，它们都十分注重通过语言学分析来达到研究的目的。例如，博克的戏剧主义修辞批评就是在"通过对话语的戏剧性分析找出其背后隐藏的修辞动机"[1]，而且这种分析有着操作性很强的分析步骤。根据邓志勇（2011）的归纳，博克的戏剧五要素分析法包含三个步骤：第一，确定所研究的修辞行为涉及的诸如作者、动作、场景、手段、目的这五个要素；第二，通过分析这五个要素组成的关系对找出主导因素；第三，从主导因素出发解构该话语，挖掘出其背后隐藏的修辞动机。批评话语分析也提出了操作性很强的分析步骤。批评话语分析的代表人物费尔克劳提出"关系—辩证"分析方法的五个步骤，并且在实践层面上特别强调对话语的分析应该包括：分析话语秩序的"结构分析"和分析互语问题和语言符号的"互动分析"。

1　邓志勇：《修辞理论与修辞哲学》，上海：学林出版社，2011：166。

批评话语分析另一位代表人物沃达克也提出"语篇—历史"分析的操作步骤：1.确定某一特定语篇的具体内容和主题；2.研究语篇与语篇之间和文本与文本之间的关系；3.对语体和文本实际运用的意义进行分析。

毋庸置疑，批评话语分析与新修辞学都重视对社会生活中实际运用的话语进行具体、详细的分析，都试图通过这种"扎根"的文本分析探究话语背后的意识形态和权力关系，这确实开启了继 20 世纪结构主义主流语言学之后语言研究的又一个新时代。新修辞学与批评话语分析有着异曲同工的作用。新修辞学与批评话语分析在语言思想和研究课题两个方面有许多共同点。当代有社会意识的修辞思想家致力于探讨的一个重大理论课题就是如何在社会成员间话语资源不均匀分布的事实基础之上，使话语互动者享有真正而非名义上的平等地位。事实上，从古代开始，对修辞的研究，就一直包含着伦理的层面。修辞这种公共话语的伦理价值包括"好"的动机、话语内容的"真实"、对他人的"善意"。如果背弃了这样的伦理价值，言论技巧就会沦为一种"不正当"的修辞，一种为达目的可以无所不用的手段，一种不正当的诡辩或巧言。进入 20 世纪修辞与权力的高度相关性得到充分的阐述，修辞理论对交流者之间的权力关系的研究成了一个极其敏感又无论如何都无法回避的话题。西方以"民主"自诩的体制要维持其正常运行的一个必要的前提条件就是平等而又充分知情的公民通过观点意见的有效表达和交换实现对政治过程的充分参与。然而在当今西方社会，修辞资源在社会成员中的分布是不均匀的。如何使话语互动者享有真正而非名义上的平等地位已成为当代有社会意识的修辞思想家致力于探讨的一个重大理论课题。修辞理论界从两个方面着手寻找解决的途径。首先是通过加强修辞教育，尤其是加强对一般受教育者修辞批评能力的培养，造就一个具有较高修辞素养、了解修辞运作方式的公众，从而改变话语资源不对称分布的局面。受过良好修辞教育的公众成员在话语互动中可谓攻防兼备，既善于运用各种修辞手段说服他人，也能够洞察他人针对自己所采用的各种修辞手段。这种能力使他们能够对接收到的各种信息保持警觉，加以分析，就对方的动机、目的、理由等做出判断并予以回应。其次，理论家们还寻求通过某种理论的"立法"，制定并促成某种适应当代现实需要的新话语伦理和互动规范。一旦这些伦理原则为整个社会所接受并被确立为公共规范，就将对修辞者的行为加以制约，从而在更大程度上调节存在于交流者之间的不平等权力关系。在这一信念的促动下，对在真实的社会文化语境中，人们如何运用"自然语言"就"政治、法律和科学和日常生活等所有方面出现的争议进行说服活动"和"批判性分析"的新任务，就成为修辞学研究首要任务。一些学者试图通过对论辩双方的行为进行规范和约束来消除不平等关系的话语暴力，在这方面，荷兰学者范·艾莫伦（Van Eemeren）等提出的"批评性讨论十诫"很有代表性。

实际上，对社会问题的关注已成为新修辞学的一种特征。许多修辞学者遵循"修辞即是认知"的信条，通过分析政治话语、媒体话语以及各类话语中的修辞来认识社会、揭示那些隐含的权力关系和意识形态。对新修辞和批评话语分析共通之处的分析无疑是一种有益的尝试，但同时我们也看到虽然批评话语分析的倡导者认为话语和社会结构之间的关系是辩证的，然而在具体分析中却深受西方马克思主义批判理论的影响，强调社会结构对话语的决定性作用，忽视话语作为一种行为所能促成的积极影响。对否定性解构的过分强调在一定程度上削弱了其对现实的指导作用。新修辞学与后现代主义和后结构主义交织在一起。"当后结构主义和后现代主义把一切都看成是话语的时候，它也就变成了一种新修辞学了。但是，新修辞学仍然要求积极的、参与性的古典主义的'实用智慧'，而不是展现后现代消极的虚无主义的一面。"[1]后现代要求审视和怀疑一切，通常将现有一切都纳入到意识形态和权力的分析和解读中，但是在一举揭示"权力的面纱"之时，我们还要保持一种实践意识，而新修辞学在这个方面无疑能给我们提供帮助。

第三节 作为象征行动的修辞

在西方新修辞运动的潮流中，肯尼斯·博克（Kenneth Burke）和凯姆·帕尔曼（Chaim Perelman）无疑被学界看作是新修辞最具代表性的发言人，其修辞思想也被普遍认为是当代修辞理论发展的巅峰。两位修辞大师的共同之处在于拒绝接受包括"修辞"在内的某一学科或学派成员身份必然施加的"机构性限制"。博克的思想不管是被冠之以"文学批评"还是"修辞理论"，都是哲学、社会学、文学、语言学、历史学、人类学、新闻学、心理学等不同学科研究成果的融会和综合。他治学的方法突出地表现为"撷选精华、兼容并蓄"和"对机构性限制的刻意回避"[2]。帕尔曼虽以法学和哲学作为自己的主要学科背景，他的"新

---

1 朱彦明："尼采对修辞学的贡献"，《当代修辞学》，2011（6）：86。
2 Hassett, Michael. "Sophisticated Burke: Kenneth Burke as a Neosophistic Rhetorician." *Rhetorical Review*. B. 2 (Spring 1995): 371.

修辞"同样横跨哲学和政治学以及论辩学等领域。正是他们这种海纳百
川、兼收并蓄的学术态度才使修辞学的新发展获得了融通的智慧和不竭
的动力。本章和第五章将分别析取博克和帕尔曼修辞思想中的重要概念
进行探讨，以期引发对后现代主义视域下语言研究更深入的思考，推动
语言学的跨学科研究。

博克是一位兴趣广泛、多才多艺而又极其多产的作家和评论员，其
作品种类繁多，包括诗歌、小说、文学艺术评论和学术著作等。作为一
位批判现实主义者，对于 19 世纪至 20 世纪，人类社会因科技大发展而
出现的唯科学论、科学宗教化等现象，他曾在《动机语法》中对技术
主义进行了抨击，认为它不仅会污染地球，也以其他方式威胁着人类；
技术主义对世界、甚至对技术开发者本人带来的种种不良后果就说明了
这一点。博克在其《反论》的前言说："我们选择给它取名为'反论'
是因为就其基本关注点和信念而言，它主张的每一条原则都与时下流行
的原则针锋相对……"博克戏谑地称自己是"词人"（word man），可见
语言在他学术生涯中的地位以及他对语言奥秘孜孜不倦的追求。虽然在
公众和一般学者的眼中，博克跟文学和哲学的关系最为密切，他在包括
《动机语法学》《动机修辞学》和《语言是象征行动》等主要著作中构筑
了一个博大精深的修辞理论体系。对西方话语及其发展史全景式的观察
和深入而独特的体悟使博克的理论具有突出的跨学科性和原创性。博克
的理论揭示了在公共领域和智力领域的文本生产中，修辞的思想方法、
论辩策略及成效机制如何发挥着关键作用，如何支撑着从未间断的人类
"对话"。另一方面，他对修辞的重新认识离不开修辞所赖以产生的广阔
的社会文化语境，博克提出当代修辞的中心概念应该是"认同"。"通过

强调修辞实践不仅应该维持'竞争'，也应该促进'合作'，博克表达了对修辞促进社会协同的道德期许"[1]。他对哲辩思想的娴熟掌握、对话语互动观念的深刻体认和对话语伦理问题的极大关心，使他当之无愧地成为最全面地体现 20 世纪西方修辞发展格局的学者。

博克的"新修辞学"（new rhetoric），与亚里士多德传统修辞学的区别在于其研究视阈拓展到包括语言在内的所有人类的象征活动。博克提出了"认同说"（identification），认为"旧修辞学的关键词是'规劝'，强调'有意的'设计；新修辞学的关键词是'认同'，其中包括部分'无意识的'因素"[2]。修辞研究因而被扩展到无意识的领域，修辞行为的原理和机制可以在更普遍、深刻的层面上得以揭示。修辞行为以一种有意识或无意识的方式普遍地存在于人的生存环境和社会生活之中，而不再局限于演讲或辩论以及有意识的设计和操控。

博克的戏剧主义语言观深深植根于其人性论哲学观之上，博克认为："人是使用和滥用符号的动物、否定的发明者；他由于其制造的工具而与他的自然条件相分离；他受等级精神的驱使，并由于至善而变得迂腐。"[3] 人类有着相互分离的身体、思想和个性，所以，人们不可避免地相互隔离，是一个个孤独的个体，但是，人又都具有一个"同"，那就是社会性，从天性上渴望成群、联合、统一，这才让他们试图交际以消除区别，这就是人类社会形成之根源。修辞就是一种努力调和人类这种自然的、不可避免的分离状态，并且作为一种从某种程度上去跨越这种自然状态的方法。修辞扮演的角色是，通过象征说服人们克服"分"而

1　刘亚猛，2008：336。
2　Burke, Kenneth. *A Grammar of Motives*. Berkley: University of California Press, 1969a: 55.
3　Burke, Kenneth. *Language as Symbolic Action: Essays on Life, Literature, and Method*. Berkeley: University of California Press, 1966: 16.

达到"合"，即达到"同"。修辞的目的不再仅仅是"就每一事物觅出所有可能的说服方式的技能"，而是"为了增进理解，研究人们相互误解和消除误解的良方"，是一种把"相隔绝的人们联系起来的工具"。博克坚信修辞学可以在人类社会达成和谐过程中发挥重要作用。

博克创作于 20 世纪 40 至 60 年代的各种著作，无疑成为西方修辞学复兴的主旋律。《动机语法》和《动机修辞学》代表了博克学术成就的巅峰，包含其主要修辞哲学思想，如戏剧主义语言观、动机理论：

1. 语言本质上是修辞性的、劝说性的，是象征行动。修辞活动的本质是"认同"。

2. 各种话语形式的背后皆有其动机，一切话语都具有修辞性。

3. 人通过语言来改变态度和诱发行动。

博克选择了一个与众不同的角度——对象征的应用和敏感来研究人类的动机。他从以语言为代表的象征出发，通过摄影的启发精心构筑了独特的辞屏，从而强调动机的形成和改变是：人们相互使用象征，对象征作出反应或者说受到象征影响的结果。博克修辞理论大厦的根基是"戏剧主义的语言哲学观"。博克的戏剧主义语言观视人类为运用象征（语言是最典型的代表）的修辞（以认同为手段和目的的调节人与人之间的关系）动物。他用戏剧的五个基本元素"表演／行动""场景／情势""演员／行动者""道具／手段""目的"来阐述人类动机。这些元素的互动构建了话语的不同动机、观点、态度、价值观等。

一、博克的戏剧主义语言观

博克认为人类对于语言本质存在着两种截然不同的方式和态度：科学主义和戏剧主义。科学主义视语言为命名、定义或界定的手段，也就是说，致力于通过语言捕捉或确定事物的"本质"。典型的语言表达是："这是什么"或"这不是什么"。终极表现是：与"符号逻辑"相关联的各种思维方式。与科学主义相对，戏剧主义视语言为象征行为，将注意力集中于语言的表态或劝勉功能。表态功能覆盖了"抱怨、担心、感激等（各种的态度）的表达"；劝勉功能则包括"命令或请求"，以及维持人类社会"合作与竞争进程"的其他需要。典型的语言表达是："你应该这样做"或"你不应该这样做"。终极表现是通过对小说、戏剧、诗歌、以演说和广告为代表的人类获得最大的语言用武之地。

博克认为人类生活中发生的各种事件可以根据动机进行区分：凡与动机无涉的为运动，它源于人的动物性，比如：人的生长、新陈代谢，以及对食物、休息等的欲望。凡受动机驱使或由动机促成的是行为，虽然根源还是人的动物性，但以神经性为其本质特征，涉及语言能力、道德伦理、价值观念等。因为动机的形成和变化与象征手段的应用紧密相关。所以，一切由象征手段诱发或者通过象征手段进行的活动，在博克看来都必然涉及动机，所以，都属于行为。语言的应用毫无例外地应该被看成象征行为，即使是那些"最不带感情色彩的科学术语"的应用也是如此，因为这类术语的应用"不可避免地带有说服性"，或者说带有说服动机。基于科学主义和戏剧主义这两大态度，以及行为与运动的区别，博克得出一切话语都免不了带有说服性，也就是都具有修辞性的结论。而修辞的基本功能则在于"施事者通过词语的使用促使其他施事者

形成某一态度或采取某种行动"。这一功能同时也是"语言本身的一个
基本功能，也就是作为一种象征行为的语言诱使对象征天生敏感的人类
个体相互合作的那个功能"。

博克创立了"戏剧主义"语言观。所谓"戏剧主义"，是将语言作
为行为，而不是作为信息传递的手段。博克对现实在人的头脑中通过逻
辑和语言得到再现这一观点深恶痛绝。为了推翻"客观知识""客观永
恒真理"等一些根深蒂固的偏颇认识，博克采取的基本途径是解构，他
着手于揭示所有语言形式，尤其是那些貌似中立的语言形式背后都隐藏
着修辞动机。他的基本观点是：语言是修辞性的、隐喻性的。"价值修
辞学"代表人物韦弗（Richard Weaver，1970）的"语言是说教"的经
典断言无疑是对博克这一观点的呼应。博克给"真理"打上引号，旨在
拒绝任何简单的客观主义的真理代替观。

博克修辞思想的出发点是关于人的这样一个基本设定，即"人是使
用象征的动物"，从这一命题出发博克还引申出两个相关命题："人是
发明象征的动物"和"人是滥用象征的动物"。博克对"象征"这一概
念的外延进行了扩展，使其涵盖以语言为代表的一切标记和符号，并将
其看作是人类赖以安身立命的根基。由象征的特定组合形成的意识形态
对我们的影响尤其重大。博克认为人类行为的一些重大问题就源于那些
人类为象征所奴役而不是人类使用象征的情景之中。在《作为象征行动
的语言》一书中，博克曾做出如下论述：

"当谈话进行之时，究竟发生了什么呢？言辞究竟源自哪里呢？言
辞的部分动机一定源于我们的动物本性，而另一部分则源自我们的象征
性。人们常常提到'通过洗脑强行灌输某一意识形态'，似乎'意识形态'

被强加于人，我们是否就这么望而却步了呢？难道我们不能反过来思考这一问题吗？难道'洗脑者'本身其实没有经历相似的被洗脑的过程？究竟是我们单纯地在适用言辞呢，还是言辞同时也在使用我们？'意识形态'就像一尊'降临凡间的神祇'或者一个'附着在人体的精灵'那样，驱使着人们以某种方式行事。而倘使不同的意识形态进驻其中或许就会有不同的行事方式。"[1]

博克曾在其《动机修辞学》一书中指出："意识形态不能仅从经济的考察中推出，它还来自人作为'运用象征的动物'这一本性。既然'最初的经济植物是人的肉体'，它具有其独特的神经系统而与其他动物分离的中心性，神学中关注的'伊甸园'和堕落最接近于修辞问题的核心，因为在神学的背后是与生俱来的分裂观点，这种分裂存在于所有人身上，是所有人的普遍的事实，是先于社会阶级的划分而引起的任何分裂。这便是修辞的基础，从而产生了用语言来规劝的动机。"[2]对博克来说，"修辞学是一种文化政治，这种文化政治力求个人之间的团结，并揭示权势集团的战略所在"[3]。

博克的戏剧主义语言哲学观认为语言是象征行动，是戏剧。所谓象征行动，是指符号化过程中所实施的行动。戏剧语言观认为语言是修辞性的。语言本质上是修辞性的，是因为语言的基本功能是诱发合作、调节人与人之间的关系，语言的材料带有明显的价值取向，而且人们的话语带有偏见或显示价值观。戏剧主义修辞观认为，修辞是"用话语使他人形成态度或诱发他人的行动"。修辞是一种广义的劝说，涉及态度的

1　Burke, 1966: 3-6.
2　Burke, Kenneth. *A Rhetoric of Motines*. Berkeley: University of California Press, 1969 b: 146.
3　从莱庭，徐鲁亚：《西方修辞学》，上海：上海外语教育出版社，2007：74。

形成、加强和改变。修辞根基于作为符号的语言用于诱发人们的合作。要达到诱发他人行动的目的，修辞者必须使用符号尤其语言与听读者取得"同一"。

马丁·蒙特哥利指出："根本不存在完全中立和超然的方式来理解和再现这个世界。即便在我们完全无意识的状态下，语言也帮助我们选择、安排、组织和评价经验。"[1]博克持有同样的观点，即认为语言不是一个用来描述客观存在的中立的工具：尽管任何语辞是对现实的反应，但是从本质上讲，语辞只能是对现实的遴选；在某种程度上，语辞也可能是对现实的扭曲。在《永恒与变化》一书中，博克探讨了后现代的一个重要议题，即人类的语言是如何建构"现实"，他将语言意识形态看作是交流的媒介，并显示了对"隐喻"一词的极大关注。博克持有隐喻式的语言观，语言对于他来说就是一种隐喻式认同，将观察到的现实用他者来呈现，以可知的来命名和定义不可知的。博克指出语言作为一种隐喻化的选择是"缩减""淡化""贬抑"和"限定"，它用一种简化的隐喻将复杂的现实缩减为更加条理化的解释。虽然语言可以将复杂现实拆分为可控的、有序的部件，但博克提醒我们不能过度依赖或天真信奉"简化"的力量。他的《作为象征行动的语言》一书就时刻提醒我们提防天真的语言现实主义，以免被语言所控制，相反他号召我们建立语言和人类的辩证关系。为了避免成为我们语言的牺牲品，博克建议我们不断超越自身的语境范围，从而重新评价我们简化的隐喻式理解的准确性和代表性，因为"选择一套语辞，亦即选择一种界限"，而任何一种界限的选择都是一种信奉的选择——基于主观需求的选择性现实实体

---

1 Montgomery, Martin. *An Introduction to Language and Society*, New York: Routledye, 2008: 176.

化，也就是说"对给定行动所处情势的一种界限性选择将会对行动本身的理解产生一种对应的效果"[1]。语辞总是隐喻性地表征现实从而促使人类以某种行动作用于现实。一旦我们忘记了语言的隐喻本性，将语辞与现实混为一谈时就会出现问题。博克在解释隐喻性思维时谈到了"不协调而获视角"（perspective by incongruity）这一概念，博克认为语言是隐喻性的，通过将某一种意识形态凌驾于其他之上，我们将发现某一语言和隐喻构成了对现实的描述和解释。受尼采的启发，博克认为要想超越某种既定的现实描述，就必须通过发现新的隐喻来挑战这一语言意识形态，而"不协调而获视角"成为一种挑战既定真理的方法，即透过浸淫意识形态的语辞来观察现实，使在这一空间内创造不同视角审视现实成为可能。"不协调而获视角"是博克的核心探索方法，是指通过"打破/违背词语在先前链接中的特征"而获得的认知事物的方法。[2]"不协调而导致的视角"（perspective by incongruity）无疑是解构主义方法论，即通过把两个看来相矛盾的术语放置到一起从而把人们的注意引向一个真理。博克创造性地提出了"事物是词语的符号"，完全颠覆了传统的语言符号理论。在他看来，词语不仅命名事物，而且还是对事物的超越。当我们使用"房子"这个名词时，它不仅仅代表世界中的客观存在，而且也成为了某些经验的形式，比如：对（牢笼）的痛苦抑或是（亲人）的美好等联想。因此，"要了解一个词的意义，不能依赖于现实，相反，必须关注语言以了解现实意指什么"。博克提出此观点并非要挑战传统的语言符号指称关系，而是向人们说明，逆向看待它们的关系，能给予

1　Burke, 1969a: 84.
2　Burke, Kenneth. *Permamence and Change: An Anatomy of Purpose*. 3rd ed. Berkeley: University of California Press, 1984: 90.

人们分析问题的另一个角度，从而更加全面地认识两者的关系。从某种程度上来说，任何语言符号的使用都只不过是一个视角与另一个视角之间的竞争，其目的在于使自身所刻画的现实被人们当作真正的现实来接受。"人们认识事物总是根据自己已有的图式以某种视角认知事物"，并赋予一定意义（就像一张黑白图，盯住黑白两个区域看到的图形是不一样的）。根据这个观点，人们习以为常的"真理"换用另一个视角来看就可能不是真理了。现实、真理、知识其实都不过是通过话语建构的结果，对现实以及所谓的"真理"都要敢于质疑。博克提出的"不协调而获视角"是要让人们看到自己的词汇里哪里存在偏见、哪种权力通过词汇的使用而使偏见得以维持，使人们成为自己的评论家，从而最大限度地意识到自己的问题[1]。博克建立"不协调而获视角"的理论是针对时兴的经典假定，即语言可以透明地再现现实世界提出来的，他试图打破的是诸如字面的与隐喻的、陈述与假陈述等二元对立[2]。

事实上，博克的解构思想要比德里达早二十多年，只不过他没有用"解构"这个术语而已。博克提出的"不协调而获视角"就是一种解构主义方法论。他认为，从一个视角看是真理的，如果换一个视角来看就可能不是真理了。真理和知识是修辞建构的结果。博克认为人的思维及语言交流都要依赖于隐喻、转喻、提喻和反语这"四个主要辞格"。他把辞格理论作为其进行解构的工具，进而颠覆了一些根深蒂固的传统认识，如知识和真理的客观性、可靠性、恒定性。他对哲辩思维的娴熟掌握使他提出一些极富洞察力的观点，如"人因为完美而迂腐"，提醒人

1　Hilderbrand, D. L. "Was Kenneth Burke a Pragmatist?" *Transactions of the Charles S. Peirce Society*. 31(1995): 635.
2　Wess, Robert. Kenneth Burke: Rhetoric, Subjectivety, Postmodernism Cambridge: Cambridge University Press, 1996: 70.

们必须关注现代性带来的所谓的人类福祉，如"人类解放""科技的进步"，告诫人们在津津乐道于自身成就的同时，别忘了审视现代性所带来的负面的、甚至灾难性的后果。博克具有解构意义的认知论方法在当时的历史背景下也具有很重要的现实意义。由于博克耳闻目睹了世界大战对人类带来的摧残以及工业化所带来的环境污染与生态恶化，他觉得人们有必要对现代性所崇尚的科学、真理、进步等进行重新审视。他的"不协调而获视角"有助于人们打破现有思维定势，从其他视角审视工业化和科学技术发展给人类社会带来的负面影响并寻找应对策略。就修辞学的社会功能而言，这种认识论方法更具有现实意义。博克的修辞学目的是促进人际关系的融洽和社会生活的美好。

二、辞屏

"'命名（naming）作为一种阐释性的行为'这一概念中隐含的语言构造主体的力量，说明这一原则应该收入批评观点中"[1]。博克视语言为象征行动，即通过语言等象征形式来改变态度、诱发行动，进而实现认同。

"辞屏"（terministic screen）是博克修辞思想中的一个重要概念。博克从摄影使用的镜头、滤色镜以及最终呈现的照片获得灵感，将人们应用的各种象征系统或词语汇集称为辞屏（terministic screen），国内还常将其翻译为术语屏或术语视界，以及比较少见的终端荧幕，甚至还有更为少见的术语规范、规范网、词屏、终点的视界等。通过对"镜头"工作原理的观察，即不能原原本本地把拍摄的景象全部呈现给观众，而只

---

1 ［美］肯尼斯·博克：《当代西方修辞学：演讲与话语批评》，常昌富、顾宝桐译，北京：中国社会社学出版社，1998：336。

是选择性地把关注的焦点引向某些特征，博克悟出了语言符号使用的一个重要维度：每一套词语或符号无不构成一个独特"荧屏"。透过这一"荧屏"我们得以对世界进行观察。这一"荧屏"上显现的并非原原本本的"现实"，而只是所用的那一套语言符号允许我们看到的那一"相"，因而不可避免地会突出某些特征，甚至歪曲某些形象。博克在谈及辞屏时说："当我谈到'辞屏'时，我想起来我曾见过的一些摄影。他们是同一物体的不同照片，其差别在于拍摄它们时，摄影师使用了不同的滤色镜。'呈现事实'的照片可以在特点，甚至在形式上，表现出明显的差异，这取决于摄影师使用了不同的滤色镜对所记录事件进行纪录片式的描述。"[1]也就是说，一方面，语言符号的应用必然对我们的观察和理解造成扭曲，它如同我们与现实之间的一道词语的屏障，让我们无法直接触及现实本身。另一方面，我们却只能依赖语言符号观察和理解世界——"我们必须使用辞屏，因为不使用词语我们就不能谈论任何事情"。用博克自己的话说，"即便我们说任何词汇都是对现实的某种反射，词汇的本质决定了这一反射必然是选择性的，因此它同时也是对现实的折射。"[2]人们对现实的观察，只不过是一种可能而已。博克提出的"训练出来的无能"（trained incapacity）指的是，一个人在经受了一定的专业知识学习或训练之后，表达必须依靠"辞屏"（也就是不同的职业心理），那些专门名词把人们引入某个领域，进而以某一个视角理解事物。

博克的修辞理论认为修辞行为编码、建构同时潜在地改变社会关系和社会实践。"象征性行为并不是中性的，被动的而是在积极地构建社

1　Burke, 1966: 115-116.
2　Burke, 1966: 44-45.

会现实，并对我们的行为具有导向性的作用"[1]。博克认为语言对态度和行为取向的引发比语言的表征作用更为重要，人类是态度和动机的携带者，词语的运用协调权力关系、合法性和权威性。同时博克还警告读者不要过分相信传统观念，即"词语是事物的符号"，他把上述观念颠倒过来提出"事物是词语的符号"这一观点要我们注意在"加权"(entitling)过程中所存在的可能性。博克的"语言现实主义"高度概括了语言生成现实的实际功能。

博克的辞屏植根于他的戏剧主义语言观。辞屏建构起对现实的选择性阐释，所形成的社会符号性场景为进一步的行为设立了理据和必然性，构成了博克动机语法所阐述的戏剧五要素。任何辞屏都是对现实某个方面的反映，在反映现实的同时也是背离现实，即在反映一个侧面的同时也必然忽视另一个侧面，在突出某种特征的同时也必然会隐去其他特征。简而言之，人们通过语言活动建构的一般都是部分现实而不可能是全部现实。辞屏本质上对现实而言是选择性与背离性的。辞屏的选择与背离性"从认识论的角度看是人类只能无可奈何地深陷其中的一个困境，从修辞的角度看确是人类进行象征行动的一个使能条件"[2]。辞屏的选择性体现了一种认知世界的客观态度，即由于自身视域的有限性以及世界的复杂性，人类本来就不可能观察到世界的方方面面。我们只能靠选择的词汇选择性地认知世界。这也说明修辞学是渗透所有学科的学问，是所有学科得以构建的基础，它给人类进行象征行为提供了充足的使能条件（允许条件）——词汇具有内在的"选择性反射"或"折射"功能——选择与改变，其应用才必然具有劝勉性和说服性，使得目的和动机能够

1　Stillar, 1998: 92.
2　刘亚猛，2008：339。

在象征行为中得到体现以及实现。

博克认为一种（语言）形式就是一种经验方式……它使我们以某种特定的方式去体验。由此可以得出结论，语言不仅具有命名功能，同时还有规范作用——规定了人们认识的方式，限定了人们思维的方向。语言为我们认识世界和人类自己提供了范畴和分类的方式，从而也规定、限制了人们的思维。人类作为修辞动物使用语言，话语不可能不带任何偏见。"语言是形式系统，无论单独使用还是一起使用，这些形式都具有某种倾向性或意向性"，因为"从其本质上来说，言语就不是中立的"，说话就意味着做出道德宣言。对语言的每一次使用，不管是书面的还是口头的，都显示了使用者的态度和动机，"一切象征行为都跳跃着态度"。"（语言）形式是在听者心中创造出一种欲望，并对那被激起的欲望进行适当的满足"。"语言是形式的系统，无论单独使用还是一起使用，这些形式都具有某种倾向性或意向性"[1]。语言是倾向的载体，通过提供一种观察和描述世界的路径，辞屏决定了人们认识世界的方向，其最终目的是给读者提供一个有倾向性的语篇世界，并以此来理解现实世界。辞屏的遮蔽性对于人们理解与认知世界设置了一定的障碍。要去除障碍唯有通过批评性的态度深入解读自然语言。按照博克的观点，一个社会的集体观念和意识经由某些镜框式的或漏斗式的术语或概念引导之后，人们往往会本能地借助这些术语或概念所构建起来的的一面屏幕来认识并理解这个世界，并将其视为解释世界的修辞资源，即人们对于世界的认知和经验最终都雕刻在特定的术语或概念上，而且只能存活在对特定术语或观念的意义再现之中，因此围绕这些概念与术语而展开的意义争夺便

1　Weaver, Richard M. *Language is Sermonic*. Eds. Richard L. Johannesen, etal. Baton Rouge: Louisiana State University Press, 1970: 38.

称为合法性争夺的基本方式。换言之,"随着时间的流逝,人们会将某些术语汇聚在一起,形成一面人们观看世界的屏幕,透过这面屏幕,人们得以清楚地分辨什么经验是最重要的,这些经验都意味着什么,我们又要为此付出什么行动"[1]。

在其《动机修辞学》中,博克区分了不同种类的语辞:积极语辞(positive terms)、辩证语辞(dialectical terms)和首要语辞(ultimate terms)。积极语辞直接指涉或描述现实。相反,辩证语辞则只有借助其他语辞才能得以定义,如"民主""诚实""美貌"这样的语辞并无直接指涉,我们必须通过其他语辞来对其进行定义。通常这类语辞借助关注某些方面的对比来定义。博克最后对他称其为"首要语辞"的概念进行了说明,即标识基本的、无所不包的价值,如生与死,自由或死亡。每一思想体系都存在这些潜在的首要价值,它们不断被语言所象征[2]。"神性语辞"(首要动机)则经常借助"普世"语言旨在为"所有人"代言并使其受益,但是在神秘化的语言(修辞)背后存在着一个明确的意在使少数人受益的象征行动。博克的这一观点同帕尔曼不谋而合,后者也看到了在论辩中共同价值的重要性。在博克看来,诸如科学、自然、民主、资本主义、金钱、权力、和平、真理、正义等语辞就是"神性语辞"。它们构成了认同的根基,同时使我们适应那些超出我们掌控的变化,并通过转化现有的取向系统或赋予现有的取向系统以新内涵。寻求"神性语辞"对于象征行动的成功至关重要。然而一方面它们能够积极地将人们凝聚为一股力量,另一方面也能为离间提供来源,成为大量破坏性行为的帮凶。

1　Peterson & Peterson, 2000: 76.
2　Burke, 1969a: 183-189.

三、动机语法学

以 1945 年《动机语法》的出版为标志，博克的学术生涯进入到第二阶段，也是他思想最为活跃的时期，时间跨度近三十年。他最具影响力和代表性的著作都诞生在这一阶段。正是在《动机语法》一书中，博克第一次明确地定义了戏剧主义并确立了研究方法。

博克继承了亚里士多德的"人是政治的和社会的动物"的观念，将人与人之间的相互关系视为核心。他认为，人在自然中生存，在社会中生存，离不开与他人调节关系，离不开用语言去影响他人，诱发他人的合作。博克甚至直接将动机与关系画上等号——"相互之间的内在关系本身就是他的动机，因为这些关系是他的情境，而情境只能是动机的另一个词。"

博克的《动机语法学》堪称修辞发展史上"里程碑式的著作"。它探讨修辞动机的组织结构和关系，其内容可以概括为"戏剧五元模式"（dramatisic pentad）。博克从戏剧及其基本元素出发来理解动机和象征关系，确定了一个基于五个关键词的基本认知框架。这五个关键词分别是"表演"（act）、"场景"（scene）、"演员"（agent）、"道具"（agency）以及"目的"（purpose），这五个关键词构成了观察、理解和阐述动机在象征的影响下发生变化的这一过程的"辞屏"，他将其命名为"戏剧五元模式"。这一理论模式旨在理解和阐释人类话语和修辞活动。由于博克认定透过语言符号的中介观察和认识世界与通过戏剧舞台获得对人生的观察和认识并没有本质区别，由于戏剧被用于比喻人生由来已久，其主要元素早已失去原有的隐喻特征，被"直意化"，成为通用语汇的一部分。事实上，博克选定的"戏剧五元模式"五大关键词在英语中有着更为常用的一般意义，如 act（表演）一词更常用于表达"行动"一意，而用以表达"演员"和"道具"的 agent（施事者）和 agency（手段、工具）两词从来就与戏剧不沾边。这五个核心词汇虽然被称为"戏剧元素"，在实际应用中却指称一切基于话语的社会互动都不可或缺的基本构成成分。"表演"泛指一切受一定目的驱使已经完成或正在做的事情。"场景"涵盖了行动或事件的背景、氛围，包括情势、语境、事态等。"演员"则用于指称通常意义上的行事者或施事者。"道具"泛指行事者为达到目的而采用的一切手段、策略或资源。在下文中我们将以具有通用意义的"行动""情势""施事者""手段"和"目的"来指称这一模式的五大元素。博克戏剧主义五元模式的精髓也建立于关系之上，而动机，在五个元素相互联系而形成的一个复杂动态关系网络内产生。"关系网络"的体现就是五个元素可两两正反双向组合构成二十个关系比率。

博克发明了用来破解人们不协调而导致的视角的方法——每一个关系比率代表着一个观察视角，从这二十个最主要的观察角度入手，找寻哪种关系比率的搭配最符合所研究的行为对象，同时在这样的过程中，也注意并分析了其他关系比率的影响，从而更为简化、清晰地分析出某个行为背后的决定因素为何，以及其他因素的作用。博克戏剧性五要素彰显了其智慧的辨证思想光芒。五个戏剧要素处于既分离又统一的辨证关系之中，同时五要素之间的关系是灵活多变的，在不同的问题中可以互相转化，具体表现在两个方面：第一，对同一行动，不同的人凸显的戏剧要素有所不同；第二，要素之间的关系可以转化。正因为戏剧五要素的流动性、可变性，不同的修辞者针对同一行动具有不同的阐释框架，从而折射出不同的动机。譬如，一些青少年在高中毕业之前都未能掌握必要的阅读技能这一现象已成为一个令人关注的社会问题。人们常常会问道"为什么汤姆不能阅读呢？"然而在回答这一问题时人们可能就会表现出如下五种不同的动机：1. 汤姆身处的环境对其成长极为不利，充满了噪音、环境极其脏乱，没有可对其产生积极影响的榜样。这是一个以场景为主导的解释；2. 汤姆不能阅读是因为自身的某些先天性不足。这是一个以施事者主导的解释；3. 汤姆没有可以激发其阅读兴趣的书籍，相反只是沉溺电子游戏之中而这对于鼓励其阅读一点积极作用都没有起到。这是一个以手段主导的解释；4. 汤姆本人没有阅读的内在动力。这是一个以目的为主导的解释；5. 没有任何人为了提高汤姆阅读能力或激发其阅读兴趣而做出过一点点努力。这是一个以行动为主导的解释。

通过重新阐发象征行动的五个关键节点，博克为在话语理论层面探讨动机的成因和演化确定了明确的范围和方向。其真正意图不在于凸显这些节点并深化对它们的理解，而在于揭示动机产生于一个五大元素紧密联系而形成的一个复杂动态关系网络内。这一网络包含任何两个元素耦合而形成的二十个"配比关系"（ratio），如"情势—行动""行动—施事者""施事者—目的""情势—手段"等。"在博克看来，这些相互交织关联、相辅相成、相生相克的'配比关系'因而是动机生成和调节的机制"[1]。不同"配比关系"的选用构筑起不同的"辞屏"，从而凸显相关事物的某些特点，淡化甚至掩盖它的另外一些特点。

博克同时还是从修辞角度来剖析极权宣传的开创者。他的宣传—修辞研究提供了一个基本模式，即把宣传话语赖以发生作用的"环境"和"机制"与话语本身（说话者、话语、听众）共同列为理解宣传的要素。

1　Burke, 1969b: 342.

宣传不仅是一种话语，而且更是一种政治性质的话语行为。他运用"戏剧五元模式"来探讨希特勒的修辞。通过对希特勒《我的奋斗》的研究，博克做出了如下的分析结论：1.行动是散布一种恶质的、类似宗教的仇恨；2.情势是一战后德国的屈辱、无望、渴望借助强人政治改变现状；渴望国家强大，经济发展，甚至愿意为之付出自由的代价；3.施事者是希特勒（和他的党徒）；4.手段是全民认同一个"声音"（元首、国家、军队、种族、雅利安民族、英雄主义等）；5.目的：极权统治绝对、彻底地统一德国人的意志。目的涉及宣传欺骗性的本质特征。宣传者常常会有一个公开的目的，如纳粹宣扬的"实现国家社会主义""为雅利安民族争取生存空间"，但宣传—修辞研究更关心的是"隐藏的目的"，如以公开目的为合理性来维护和掩护和极权统治。

四、小结：博克修辞理论的道德期许

在英美实用主义思想传统的影响下，新修辞学致力于促进人际交流，寻找理性、明智地解决社会问题和文化冲突的途径和方法。博克也曾说过其早期的一些观点囊括了其思想的精髓，而后期的著作只不过是对这些观点的重新表述和扩展。博克一直抱有修辞促进社会协同的道德期许，一生致力于对和谐世界的追求，希冀修辞产品不仅应该维持竞争，更应该促进合作，寄希望于修辞可以化干戈为玉帛。其早期著作背后所体现的道德期许——追求更美好的生活——从未改变。在《动机语法学》一书中，博克甚至选用了拉丁词语"ad bellum purificandum"（为了根除战争）来介绍自己的修辞学研究。他的毕生都投入到"为了使世界更加美好"这一宏大目标中去，他的修辞学研究方法也无不浸淫着道德选择的观念。对象征的政治和社会影响力的关注是博克毕生学术的核心。作为语言和文化的理论家，他对象征的滥用和误用保持着高度的警惕，他不断告诫，我们总是被那些试图操纵自己的人所包围，同时他为我们提供了很多修辞学工具来自我防卫。"尽管有时很难推测博克的真实意图，但是从一开始，博克就深刻关注语言、交流和修辞的社会和政治纬度"[1]。

作为新修辞学领军人物的博克被拜格雷夫视为身兼修辞学家和意识形态批判家两重身份。拜格雷夫提出博克展示了"将修辞学和意识形态看作是两个不相关联的领域将会限制彼此"[2]。对于这一观点在第二章"修辞与意识形态"一节我们已做分析。我们认同这一观点，但同时认为将语言看作是象征性行为不仅对意识形态的识别具有重要意义，也对我们试图变革意识形态至关重要。因为对于批评家来说，首要任务就是"能够赋予语言使用者以动源，即能够摒弃两种错误的观念，一是将语言作为中性观念；二是认为我们完全深陷于话语系统"[3]。伴随着后现代理论对社会变革的可能性的质疑，动源之于语言探讨的关系就显得尤为重要了。博克将语言看作是象征性行为的理论从一开始就断定"人类在做事"，因而它赋予了人类以动源，而福柯在其晚期的著作中也赋予了这个概念重要性。博克坚持赋予交流者改变现实的动源。博克关于语言作为象征性行为的理论引导我们关注一些"反抗的节点"，因此帮助我们摆脱了后现代对于"主体性"批判所造成的效应。博克的修辞理论考察语言的

1 Wolin, Ross. *The Rhetorical Imagination of Kenneth Burke*. Columbia: University of South Carolina Press, 2001: 220.
2 Bygrave, Stephen. *Kenneth Burke: Rhetoric and Ideology*. London: Routledge, 1993: 109.
3 Fox, Catherine. "Beyond the 'Tyranny of the Real: Revisiting" Burke's Pentad as Research Method for Professional Communications. *Technical Communication Quarterly*. 11.4 (2002): 368.

实际运用——其策略性、实用性维度来避免二元论倾向，即要么将个体看作是其自身经历的自主源头，要么将个体看作受制于社会决定论的意识形态魔爪之下。博克的语言观与批评话语分析家有着共同之处，同时还授权我们反抗权力的滥用。通过提供一系列术语屏，博克将我们的注意力从还原性的表征移开而去关注意义含混的空隙，从而为我们反抗主导性话语表述提供了抵抗的节点。

博克的话语理论虽然未给我们提供一个摆脱人类生来彼此分离局面的方案，却为我们提供了将语言既看作是造成冲突的根源，同时又是我们根除冲突的希望的一个视角。语言这一象征性行动的修辞化应用，对于博克来说，就是埋藏下公共福祉的种子，以希冀话语主体能够积极地投身到改变社会现状的行动中来。博克将其"戏剧五元模式"描述成"一部适用于人类关系的喜剧理论"[1]。博克的著作中充满了这种喜剧视野，尤其是他后期的著作，无一不是源于一种对修辞在个人或集体维度解决问题的一种乐观态度。博克的戏剧理论表明了他深信通过教育和论辩，人类具有社会批评和社会变革的潜力。博克构建"戏剧五元模式"的意图在于限制特定意识形态导向所造成的失调，从而促使人类更加诚实地解读和理解现实。博克的全部修辞理论都植根于这样一个认定，即从戏剧的角度看，喜剧能够在混乱之中创造秩序。

批评话语分析的决定主义语言观将人类视为深陷于话语意识形态关系之中而没有可能采取对抗行为，并质疑人类社会采取积极社会变革的可能性。即使在批评话语分析阵营内外，这一取向都遭到了批评。我们认为博克能够帮助我们将批评话语分析和话语主体的动源联系起来，因

1　Burke, 1969a: xvii.

而使得研究者可以预见生产解放性话语的可能性。博克承认人类之间内在的隔离，并提出这正促成了人类普遍的修辞情势和对认同的向往。博克新修辞学与批评话语分析都反对将语言看作信息传播的中性介质，但是前者却进一步超越了后者的消极解构倾向，不仅意识到了语言的破坏性力量同时也看到了其建构社会关系和权力结构的力量。

批评话语分析的哲学基础是激进新马克思主义，与此不同的是，博克新修辞学深受社会向善论的影响，这一社会理论深信社会环境可以因人类的参与而变得更加美好。博克认同修辞学的主题就是服务于社会和谐的变革，因而我们可以看到博克的修辞理论不仅是解构性的同时也是建构性的。他深信人类能够通过语言来展望新的"现实"并发明可以治愈我们疾病的良方。毫无疑问，同时他也对人类制造混乱和纷争的能力深信不疑。他的悲观主义来源于人类意志的本质，其乐观主义来自于修辞所具有的能够对这一意志有所作为的潜能。修辞于是就至关重要。根据博克的戏剧主义理论，当我们运用语言来造成于自然界和他人的隔离时就会促成悲剧性的结局，当我们运用语言来应对自然界和他人时就会促成喜剧性的结局。

诚然，我们不可否认古典修辞学传统对现代西方社会的权力运作方式有着双重影响：一方面，这一修辞文化假定修辞者有责任在权力的合法化合理化过程中运用修辞，这样权力的滥用就得到了适时的限制；另一方面，修辞传统同时也为我们提供了使权力变得不那么具有强制性、更具有隐蔽性、更容易让人接受的必要手段。因而，当修辞被用来为某些观点辩护时，而其用来检验观点的能力遭到压制，那么不被审视的意识形态占据主导地位就成为了可能。[1] 理解修辞的运作方式是我们抵御滥用修辞者的最佳策略。

深受人文主义思想的影响，博克始终对话语或批评主体的能动性持积极乐观的态度。修辞思想历来以修辞者为中心，强调修辞者的施事能力，与之相关的"动源""意图"等概念在修辞理论中至为关键。这种"以人为本"的修辞意识彰显了修辞者—受众的关系，并最终促成了当代人文社会科学的修辞转向，使"学者们看清了人文学科话语的'说服和道德本质'及其内在的解放和批判功能"[2]。修辞既是话语生成的实践方式，也是话语争夺的实施途径。修辞显然已经不仅仅属于统治阶级推行其意识形态合法性的政治谋略，相反，修辞还可以成为被统治阶级进行反抗的最有力、最隐蔽的一柄利器。在博克的理论体系中，具备了目的性与主体意识的修辞论辩主体不但拥有实践理性，而且能够挖掘功能各异的实践策略并顺应情境进而推动社会进步。反过来，正是因为主体的自由与能动（因而可以自主地判断、做决定），道德与责任才能与之关联；作为言说对象的受众的主体性才不会被忽视。引入修辞的视角可以在一定程度上消解对 CDA 无限解构的批评，推动修辞学与批评性语篇分析的建设性对话，从而丰富我们对权力和意识形态运作方式的理解。

博克的修辞思想与 CDA 达成的共识是：修辞／话语对我们作为社会人而发挥作用是不可或缺的。博克博大精深的修辞思想对批评话语分析提供了很好的注解。博克的动机语法从社会学和语言哲学层面解构话语的动机性、导向性和行为性，同时以同一和同体为核心的动机修辞

---

1 Herrick, 1997:20.

2 Robert, R. H., and J. M. M. Good, eds. *The Recovery of Rhetoric: Persuasive Discourse and Disciplinary in the Human Sciences.* London: University Press of Virginia, 1993: 8.

学超越了后结构主义和后现代主义的单纯离心和解构，探讨了话语行为在社会互动中对社会符号意义体系的重构。在探究修辞批评范式的重大转变过程中，我们不能忽视 20 世纪后半叶新修辞学的领军人物博克的修辞思想，因为正是他的修辞思想催生了在认识论上拒绝一切形而上学理论体系的后现代主义，从而引发了修辞批评中的意识形态转向，使得在新的研究范式指导下的修辞批评与 CDA 达成了共识：修辞 / 话语对我们能够作为社会人而发挥作用是不可或缺的。探讨博大精深的博克修辞思想中对 CDA 的理论基础和分析框架有益的成分，无疑有着重要的启发意义。

毋庸置疑，批评话语分析与新修辞学都重视对社会生活中实际运用的话语进行具体、详细的分析，都试图通过这种"扎根"的文本分析探究话语背后的意识形态和权力关系，这确实开启了继 20 世纪结构主义主流语言学之后语言研究的又一个新时代。

第五章

西方修辞学视阈下的受众研究

第一节 受众概念的变迁

　　在批评话语分析的理论框架中，"受众"这个概念一直没有得到应有的关注和重视。在揭示权力和意识形态的隐秘运作过程中，受众（audience）常常被预设为一群无权、无助、需要话语"干预"的对象，被构筑成需要唤醒的权力牺牲品和解救对象，他们在各类话语的消费上丝毫没有权势可言。受众在话语互动中可能拥有的自主性和能动性完全被忽略不计，仿佛面对权力和意识形态，受众唯有顺从乃至被动接受。威多森（Widdowson）曾指责批评话语分析对读者自主性的忽视，并将其归结为有意而为的"谋划"（pretext）。受众自古至今都是西方修辞学研究的主要课题之一，在受众研究方面西方修辞学有着丰富的研究传统和学术积淀。即便在当代修辞学中受众也是一个受到高度关注的研究话题，有很多地方值得批评性话语分析借鉴。

事实上，在修辞学漫长的学术发展史上，"受众"这一概念的内涵和外延，随着时代语境的变迁也在不断发生着变化。英语中的audience，源自拉丁语"audire"，意为"倾听"。古希腊聚集在城邦内倾听演讲和观看演出的民众可以被看作是最早的受众。他们被精于辞令的修辞者控制于股掌之间，卑微、无言。"受众"一词似乎从其诞生之日起就与被动的含义紧密相连，修辞者主导修辞过程似乎天经地义，不容置疑。随着印刷术的问世，越来越多的信息通过文字形式得以呈现，受众概念的内涵逐渐扩大，读者也被包含在内。到了20世纪，随着现代修辞学与传播研究领域的不断扩大，从宏观上来看受众是一个巨大的集合体，从微观上来看则体现为具有丰富社会多样性的人，不仅包含出席大型集会的听众，也可以指以纸为媒介的传统报纸、以电波为媒介的广播、基于电视图像传播的电视和基于互联网传播的听读者和观看者，甚至可以指特定信息所针对的"幻想群体"。

西方修辞的一条基本原则是"言辞以受众为转移"，也就是说为了达到修辞目的，强调修辞发明过程中诉诸具体、独特、个别的受众的极端重要性。修辞的力量源于其对受众的影响与作用。没有受众，修辞的力量也就无从谈起。受众既是劝说直接面对的对象，又是劝说的主体，享有至高无上的地位。针对如何使演说适应受众的需求，西方修辞学鼻祖亚里士多德为演说者提供了极为具体的意见：演说者必须对受众的情感与信念予以考虑。修辞应关注那些与受众紧密相关的话题，为了增加劝说成功的可能性，应以受众的一般见识作为劝说的出发点，劝说所使用的证明和道理都应立足于一般人普遍接受的各种原则。亚里士多德曾提醒修辞者，受众成员个人所抱有的"友好感情或者敌对情绪，以及他们的个人私利，都经常会被卷入其决定过程"[1]。后世其他古典修辞学家的纷纷响应亚里士多德的这些观点。西塞罗就曾明确地指出："演说者的雄辩，毫无例外地受到受众实际判断能力的控制"[2]。就连公开与修辞为敌的柏拉图也非常强调受众的作用，他通过苏格拉底之口指出，要想当一个有能力的演说者，首先必须深入理解受众的本质。柏拉图在其《费德鲁斯》中宣称：一个崇尚科学的修辞学家应该针对受众的具体特点，来使自己的演说迎合受众的需求。柏拉图坚信知识的超验本性，可是在宣扬其哲学理念时又不得不借助修辞学，可以说柏拉图通过"反修辞"从而确立其自身的哲学体系，其实质是一种通过否定、谴责修辞而成功地"自我韬晦"了的修辞。[3]

然而，我们无法否认，从古希腊一直到 18 世纪，受众常常被视为说服技巧研究的一个不言而喻的附属概念，而鲜有将它当作一个专门话题进行深入探讨。英国修辞学家乔治·坎贝尔（Gerge Campbell）冲破了这一惯例的束缚，在其《修辞学原理》中，对受众做出富有理论意义和深度的思考。坎贝尔运用理性与科学时代的基本词汇对修辞进行了改写，同时又成功地保留和弘扬了修辞的精神实质，增加了言说艺术在一个现代主义文化语境下的相关性。这部杰作的出版标志着近代修辞思想

1　Aristotle. *On Rhetoric: A Theory of Civic Discourse*. Frans. George A Kennedy. New York: Oxford University Press, 1991: 1354.
2　Cicero De Orator. Trans. W. Sutton. Cambridge: Harvard University Press, 1942: 130.
3　刘亚猛，2004：32。

体系的基本形成，同时也为 20 世纪中叶"新修辞"的崛起提供了丰富的灵感和观念资源。坎贝尔借助心理学的相关理论成果，把受众研究推向新的高度。他认为受众是集普遍性和特殊性为一体的双重概念。其普遍性是指受众成员具有由人的本性决定的一些基本特质，如理解能力、记忆能力、想象力和情感能力。了解和利用这些特质将有助于道理赢得受众的信服。其特殊性是指受众拥有各自的理解能力和生活方式，而这些差别会对想象和记忆有所影响。即便是教育背景相似的人由于生活经历和职业生涯不同也会养成不同的性格，倾向于针对同一事件作出不同的情感反应。坎贝尔指出受众独特的性格特征应得到言说者的关注，并据此来调整自己的表达风格和说服手段，使之适应这一性格。[1] 坎贝尔的受众理论一方面使作为个体的受众被忽视了，甚至退化为可控制的群体；另一方面导致了"普遍"受众研究的兴起，为受众研究增添了"科学"色彩。这一转变无疑是对 17 世纪席卷整个欧洲的西方现代主义思潮的一种积极回应，是努力顺应、吸纳和利用现代主义主流话语的一种积极尝试。

继坎贝尔之后，对受众理论的发展做出突出贡献的学者无疑当属集多重身份为一体的比利时哲学家、法学家以及修辞学家佩雷尔曼，他是迄今为止第一位全面、系统地对受众加以阐述的修辞学者。他将受众提升为话语理论的核心概念并且对其进行了深刻剖析和详尽阐述。佩雷尔曼的理论体系植根于从古希腊延伸下来的"修辞和辩证传统"，是对过去三个世纪笛卡尔理性观和推理方法的决裂。当同时代的多数学者相信"客观方法"对所有领域都适用的时候，他却提醒大家人类话语具备的

1　Campbell, George. *The Philosophy of Rhetoric*. Carbondale: Southern Illinois University Press, 1988: 71.

一种内在属性就是意见的多元性和方法的不确定性。逻辑学家以及唯理论者对先验知识的推崇和其推理证明的方式与手段为佩雷尔曼所诟病，认为其最大的弊端是对受众的忽略。由于论辩旨在影响受众的态度，论辩者和受众必须进行某种"智力接触"不可，因此在推理和论证过程中必须将受众纳入考虑。完全忽略论辩者和受众之间的"智力接触"这一关键环节的推理规则的逻辑体系，根本无法胜任在真实社会文化条件下解释人类如何从事思维、证明、推理等智力活动。"新修辞"理论的核心部分就是赢得受众的信奉。佩雷尔曼认为："在真实的论辩中，应在符合现实情况的前提下最大限度地预估有关受众的具体情形。反之，若对受众预估不足，不论是出于无知还是对具体情形的失察，都将会产生对自身极为不利的后果。同时，言说者所面对的受众往往是多元的，他们可能在性格、信仰、爱好等方面存在差异。一个伟大的言说者必须考虑到受众的多元性特征。"[1]

作为"新修辞学运动"中的重要代表人物，佩雷尔曼认为修辞是整个理性思维的根基，能否通过与受众的接触和交流赢得其"信奉"决定了论辩的成败，他拓展了"受众"这一概念的内涵，提出"受众"应该是"言说者希望通过自己的论辩加以影响的所有那些人"。这些人可以在场，也可以不在场，受众不应该被看作是独立于论辩话语之外的生理或物理意义上的人。言说者总是根据自己所能得到的有关受众成员的信息，包括其性别、年龄、职业、阶级、信仰、社会和教育背景等，以及跟这些信息有关的人物特征在心中构想出一个他认为最接近"真实状况"的"受众"，并据此确定自己的论辩策略、内容、结构和风格。因而受

1　Perelman, Chaim, and L. Olbrechts-Tyteca. *The New Rhetoric: A Treatise on Argumentation.* Notre Dame: University of Notre Dame Press, 1969: 31-32.

众被理解为一种"或多或少被系统化的构筑"[1]。

佩雷尔曼的新修辞是一种论辩理论，而"受众"则是其中的基础性概念。在佩雷尔曼看来，在论辩中，受众的数量及其素质往往决定了论据价值的大小，而论辩的最高境界就是得到"普遍受众"的认同。"普遍受众"是指那些作者想要用论辩施以影响的人。佩雷尔曼指出，受众是具有自由意志的人，真实的受众是能够自主选择因而需要"赢取"而非可以被任意摆布的行动主体。修辞者或话语生产者的任务之一就是制造"在场"（presence），即通过对事实的精心选择和安排，彰显自己的所说，让其形象化、前景化，成为受众心目之中最重要的、唯一的"事实"加以接受。[2]

现代西方修辞学的跨学科性使得受众的内涵变得更加丰富和复杂，更加难以把握。受众已不再是单纯的信息接收者，他们影响、建构并生成信息。波特（Porter）指出 20 世纪有两大研究路径共同重新突显了受众的重要性，一个是读者反应理论，另一个就是新修辞学，其中波特将新修辞学理解为所有话语的形式（哲学的、学术的、职业的、公众的等），并认为"所有话语类型中应考虑受众因素"[3]。新修辞的另一位重要领军人物博克也同样认为，修辞的成败事实上系于受众对修辞者的认同，在此基础上他提出用"认同"取代"劝说"成为修辞的中心概念。在提出这一主张时，博克指出：

1　Perelman, 1969: 19.

2　Perelman, 1969: 142.

3　Porter, E. J. "Audience." *In Encyclopedia of Rhetoric and Composition: Communication from Ancient Time to the Information Age*. Ed. Theresea Enos. New York: Routledge, 1996: 46-47.

只有当我们能够讲另外一个人的话，在言辞、姿势、声调、语序、形象、态度、思想等方面做到和他并无二致。也就是说，只有当我们认同于这个人的言谈方式时，我们才能说得动他。通过奉承进行说服，虽只不过是一般意义上的说服的一个特例，但是我们却可以完全放心地将它当作一个范式。通过有系统地扩展它的意义，我们可以窥探到它背后隐藏着的使我们得以实现认同或达至"一体"的各个条件。通过遵从受众的"意见"，我们就能显现出和他们一体的"征象"。例如，演说者为了赢取受众的善意就必须显露出 [为受众所认同的] 性格征象。毋庸讳言，修辞者可能必须在某一方面改变受众的意见，然而这只有在他和受众的其他意见保持一致时才办得到。遵从他们的许多意见为修辞者提供了一个支点，使得他可以撬动受众的另外一些意见。[1]

博克的这段评论对于说服的实质以及修辞者和受众的关系表达了十分深刻的见解。他用杠杆做隐喻点明了修辞的一条重要规律，即修辞者要想在某一方面改变受众的观点，唯有通过使受众相信他在其他方面与其看法和感受一致。博克在这里没有明言的是，"说服的过程本质上是一种交换。修辞者就尽可能多的双方共同感兴趣的问题与对方'求同'，为的是换取对方在某一有分歧的关键问题上按照自己的意愿'去异'"。[2]

1　Burke, 1969: 55-56.
2　刘亚猛，2004：112。

第二节 修辞者与受众之间的权力关系

在西方修辞文化的框架内，修辞者相对与受众之间的各种关系，尤其是权力关系，一直都是一个引人注目的议题。西方修辞思想对修辞者和受众关系的探讨和描述是多面、多向、多维的。西方修辞中一种颇为流行的观点认为，受众相对于修辞者而言，是处于一种无权、无力因而无言的地位。西方修辞传统表面上看似将"言辞以受众为转移"，而事实上，这只不过是西方修辞实行"自我韬晦"而产生的一种效果。[1]博克对于说服的实质以及修辞者和受众的关系有着十分深刻的见解：一方面修辞者需要通过取悦、调适、顺应、认同来影响并说动受众，另一方面还要通过施加各种有形无形的压力于受众来促使他们按照自己的意愿改变态度或观点。

在修辞者明着认同和暗中施压双管齐下、软硬兼施的作用下，享有对论点思考、质疑和判断自由的受众也并非只能任由修辞者摆布，事实上，典型的修辞受众，绝不是当然的弱者。"虽然古典修辞理论并未对修辞者和受众的关系进行系统深入的探讨，不过经典修辞学家心目中的典型受众一向是拥有判断或决策权，坚持从自己的立场和感情出发，确定所涉修辞的相关性和重要性的明白人，并非修辞者略施小计就可以任意摆布的弱者"[2]。当代西方修辞学家小亨利·约翰斯通继承和发扬了这一认识。在其看来，由于修辞具有内在的冒险性和不确定性，修辞者从采取修辞行动的那一刻起，就使自己处于一个具有实实在在的失败可能

1　刘亚猛，2004：109。
2　刘亚猛，2004：129。

的危险境地，完全谈不上在修辞过程中对受众实行并保持"有效控制"。佩雷尔曼肯定了约翰斯通有关修辞行动具有内在的冒险性和脆弱性的结论，同时提供了一个深刻独到的见解。他指出修辞的任务归根结底是"企图给予通常见解一个更加顺应眼下形势的新意义。但是意义这个东西是不能没有来由随意改变的。当我们重申大家都已经接受的意义时当然无须出示任何理由，可是当我们试图改变这种意义时，情况就恰恰相反。举证责任总是落在对现成意义持不同看法的人头上"。[1]他以西方三大政治营垒为例进一步阐述了这一根本原则。由此我们可以看到，"西方修辞体制和规范绝对没有从修辞行动的一开始就自动分派给修辞者一个支配性的地位。相反，西方修辞体制总是将修辞者置于被普遍的意义和被普遍接受的现状的对立面"[2]。在修辞者与受众关系问题上，西方修辞传统历来存在一些藏而不露的"潜认识"。首先，修辞者与受众这一基本关系的形成是因为修辞者有求于受众而不是相反；第二，相对于受众，修辞者在修辞过程中始终处于一个易受伤害、行为后果难以预测的弱势地位。修辞行动的成功固然改变了这一状况，然而这一成功意味着原来的修辞关系转化为一种完全不同的关系。[3]

皮埃尔·布尔迪厄对西方新政治权力起源的探讨为这两条潜认识提供了佐证。他认为新政治利益"代言人"的致辞对象原本在政治秩序里处于"没有合法声音"的无权境地，是代言人的政治修辞使他们有了"声音"，得以被组织起来投入政治活动，并通过这一过程获得加权：受众的权力因此是在修辞过程中通过和修辞者的配合而产生的。代言人的说

1　Perelman, 1989: 12-13.
2　刘亚猛，2004：132。
3　刘亚猛，2004：132-139。

辞越是有效地"动员"起构成该团体的那一部分群众，他的说辞所表达的思想观点就具有越大的象征力量。美国黑人民权运动领袖马丁·路德·金发表的演说《我有一个梦想》(*I Have A Dream*) 就为我们理解象征力量提供了一个绝好的例子。20 世纪 50 年代美国社会的种族不平等现象相当严重，然而当时遭受种族歧视和迫害的黑人民众对即将爆发的声势浩大的民权运动并没有先知先觉，他们的民权意识亟须被唤醒，在这一伟大历史转折点上金的出现无疑完成了这一光荣使命。金成功地唤醒长期以来被压迫黑人争取平等权利的意识，激发他们行动起来。这些政治意志低落或不懂得怎样使用这一权利来争取自己的利益而在实际上处于无权地位的人开始形成一个群体，并作为这个群体的自觉成员按照金的提议行事。他们凝聚成一股政治力量，作为一个政治团体的成员而获得加权，而金作为这个团体的"天然"代言人也通过"征用"其成员由于接受了他的倡导而获得的权力，在相关的权力结构中占据了一个位置。

事实上"受众"这一概念存在着其复杂性和内在不稳定性。佩雷尔曼的贡献不仅在于拓展了"受众"这一概念的内涵，而且还进一步挖掘了受众与论辩者的吊诡关系。他指出，一方面所有论辩都必须适应受众，以受众所能接受的信念为基础，另一方面，在论辩话语中受众其实总是论辩者的一种心智"构筑"。论辩者不仅依据自己对语境、目的等各种因素的考虑"虚构"了受众，还以这种"虚拟受众"为手段，对真正的受众成员施加压力，迫使他们"就范"。(1969：23-25)

佩雷尔曼强调在对受众进行心智"构筑"的过程中，既要考虑到受众的心理因素又不能忽略社会因素。"每一个社交圈子或者社会环境都有自己独特的流行意见及深信不疑的信念，这些构成了该圈子成员认为理所当然并且在其话语中毫不迟疑地用作前提的认识。这些认识是相关社群文化的固有组成部分，言说者非以它们作为说服的出发点不可"[1]。

面对一个复杂的受众，言说者应该针对其中分属不同类别的成员提出不同论据，采取不同论证方法。反过来，论辩者也可以将成分复杂的一群说服对象构筑为超越类别差异的"普世受众"来加以说服。通过对大量论辩的深入分析，佩雷尔曼注意到在论辩中诉诸"普世受众"从而为自己的论证造成一种具有"基于理性的不证自明性"的印象，迫使受众顺从理性的强制性限制，已成为西方论辩实践中的一个惯用手法。[2]

鉴于受众的复杂性和多变性，刘亚猛（2004）认为有必要对所说（addressee）、受众、虚受众（pseudo-audience）和非受众（non-audience）这四个概念加以区别。"所说"显然泛指所有"被致辞者"，而"受众"这一概念与"所说"并不完全相同，主要指"所说"中满足以下三个条件的人：1. 他们针对某一事的意见、观点和态度成为修辞者的主要关注；2. 对于是否接受冲着自己来的说辞，他们拥有充分的斟酌决定权；3. 修辞者必须通过说服或论理等非强制的象征手段，去影响和争取他们。"所说"指代范围内扣除"受众"后余下的那些貌似受众成员被归入"虚受众"这一新范畴。虽然在事实上对"实""虚"两类受众做了区别，帕尔曼和奥尔布莱希特—泰特卡并没有通过提出新概念将这一区别明确化和条规化。事实上除了"实""虚"两类受众之外，在"所说"的外延范围内还包括了那些有受众之样而缺乏受众本质特征、被致辞却不被真正当受众对待的个人或群体。典型的"非受众"成员的本质特征，同时

1　Perelman, 1969: 20。
2　Perelman, 1969: 31-32。

也是他与"货真价实"的受众成员的根本区别，是他在和致辞者形成的一个不平等权力关系中处于无权、受支配的地位。

在现实的话语互动过程中，致辞者和"所说"之间的关系和距离其实是处于一个不断调整转变的过程中。一方面，致辞者完全可以根据不断变化着的互动态势将自己的"诉求投向"在"所说集合"的整体和部分之间、这一部分和那一部分之间不断转移，从而造成某些"所说"成员的"话语身份"在"虚受众"和受众之间游移。同样致辞者也经常在修辞性的诉求、劝说和非修辞性的断言、指令或教训者两类大不相同的言语行为之间转移，从而造成"所说"成员相应地在受众和"非受众"这两个不同身份之间挪腾变动。造成这些转移的主动权并非仅仅掌握在致辞者手中；另一方面，所说成员在一定条件下也完全有可能通过改变自己对致辞者及说辞的态度而使他们自己和致辞者之间的关系发生变化。当"所说"拒绝"买"致辞者的断言、指令或教训的"账"，或者拒绝承认致辞者所凭借和动用权威和权力时，致辞者往往必须转而诉诸说服和论理，从而使"所说"得以重新认领他们的本应享有的受众身份。反之，如果原来被当作"受众"对待的"所说"没有去思考、质疑、分析和批判修辞者的言辞和观点，而是自动地予以接受，轻易地承认和授予修辞者不容挑战的话语权威，使修辞者对自己论断的任何说明、证明成为多余，则"所说"就等于自动放弃了自己的受众地位，自甘沦为"非受众"。

随着后现代主义思潮席卷整个西方知识界，一种颇有影响力的看法是参与交流的任何"个人"都是由一系列复杂的话语和权力关系的结合而造就的一个社会构筑，因而只能在"自然"意义上的个人随机卷入并且置身于其中的各种话语和关系中得到界定。后现代主义视受众为参与交流的主体。福柯认为，主体是话语、权力和机制及其关系的产物，它受制于这一关系网络，同时仍然可以积极参与构筑自己的身份。在这个新的解读框架内，参与交流的任何"个人"都是由一系列复杂的话语和权力关系的结合而造就的一个社会构筑，因而只能在"自然"意义上的个人随机卷入并且置身于其中的各种话语和关系中得到界定。也就是说，个人应该被理解为通过话语构筑起来的社会关系网络上的一个节点，决定其非生理行为，尤其是交流行为的是汇聚到这一节点的各种流通中的话语。修辞活动涉及的主体是作为相互关联、相互作用的社会、文化、意识形态实体而发挥功能的，话语互动过程中修辞关系因而呈现出高度的复杂性，具有内在不稳定性和变动性，修辞者和受众只不过是"修辞话语"造就和确定的两个所谓的"主体位置"。按照'说话'和'受话'这一表面现象来划分两者已难以把握角色的不稳定性和复杂性，而把两者纳入主体间框架则破除了两者的对立。受众作为积极的意义生产者这一观点逐渐取代了将修辞过程的参与者简单化地按照"说话"还是"听话"这一表面现象区分为修辞主体和修辞对象，并将这两个角色看成是固定不变的做法，既没有考虑到"修辞主体"究竟是以什么样的名义、在什么关系的制约下、受到那些利益的驱使而发言的，也没有注意到貌似被动的修辞对象其实可以是掌握着各种权势的参与者，从而将互动过程中修辞关系、身份和地位所具有的内在不稳定性和变动性排除于考虑之外。英国伯明翰学派领军人物著名的传播学者斯图亚特·霍尔就曾批判西方占统治地位的交流范式，认为这一范式的观念基础是"一种顽固不化的个人主义和一种自然主义的融合……个人主义既是这一范式体现的行为自然主义的一部分，反过来又助长了行为自然主义的自行其道"。[1]霍尔这里所说的"个人主义""行为自然主义"以及这两个观点的相互强化，指的是将交流参与者当成独立存在、充分自治的个体，以及将交流参与者在交流过程中的所作所为当成由个体意志决定了的个人行为这两个基础认定，以及由于这两个认定实际上植根于同一个现象和认识层次而在它们之间存在着一种互相加强的共生关系。

作为西方新左翼思潮的旗手，霍尔对马克思主义政治经济学有着深刻的剖析。他承袭葛兰西关于人能动作用的思想，通过对阿尔都塞意识形态理论的批判性发展，从文化关系、社会背景和制度情境等结构性因素出发，提出了受众"编码/解码"的三种方式：霸权读解（dominant—hegemonic）、协商读解（negotiated）和对抗读解（oppositional），用以强调意义阐释的多样性。霍尔发现了解码与编码确实存在的差异以及差异形成的机制，推翻了以多元主义解释传播结果、崇拜传者轻视受众、回避体制性因素的传统认识，确立了严肃研究受众的取向。这三种阅读方式说明在修辞情境中作为阐释者的读者是有多种可能的选择。一直置于被动消费者"客体"地位的受众在研究视域中的本原地位得以恢复。

事实上，佩雷尔曼早已指出，受众是具有自由意志的人，是能够自主选择因而需要"赢取"而非可以被任意摆布的行动主体。他详细描述了三种类型的受众：自我即受众——与自己进行论辩或质疑自己；普遍受众——一种理想的受众；特定受众——真实的受众（1969）。博克和佩雷尔曼所界说的具备了目的性与主体意识的修辞论辩主体拥有实践理性，能够挖掘功能各异的实践策略并顺应情境进而推动社会进步。反

1　Hall, Stuart. "Ideology and Communication Theory." *Rethinking Communications.* Newburry Park CA: Sage, 1989: 40-52.

过来，正是因为主体的自由与能动，道德与责任才能与之关联，作为言说对象的受众的主体性才不会被忽视。

深受人文主义思想影响的修辞学家认为主体是"行"之动源，不同个体或行动体的各种象征实践均是由主体生产、实施并产生各种社会效果的行动，因而可以认定为其"本质"所投射的"表征"，从而让各种符号力与话语伦理责任关联，为批判具体话语实践对特定社会、文化的增益或损耗作用提供基础。因此，修辞行动主体思想能够让"权力化"或"客观化"的主体性得以恢复能动地位，为批评何以可能提供本体论支撑。我们也可以藉此厘清界定话语伦理责任，从而彰显批评的意义。

第六章

批评话语分析的修辞实践

第一节 研究修辞

对修辞所关注的问题，人们无法通过应用某些固定不变的程序、规则、定律、公式等，推算或推导出无可争辩的答案。西方传统修辞思想强调事态和意义的不确定性，人们常常以"可信的意见"而不是确定不误的"真知"作为对修辞所关注的问题进行推理的基础，所以自柏拉图时代起，修辞就一直被看作是真理的对立面，是追求知识的道路上需严加防范的因素，尤其对以获得真知为目的的科学领域来说，修辞更是被排除在外。"修辞"成了西方话语实践者在日常交流中唯恐避之不及的一个"肮脏"词汇。在日常普通用语中,"修辞"成为了浮夸、虚矫、华而不实甚至欺诈的同义词,和"宣传""摆布"等贬义词语一样,只在提及必须予以贬斥的对立观点或不同见解时适用。越是成功的修辞实践者越是毫不含糊地力图与"修辞"划清界限。对修辞的这一偏见使修辞同以生产知识和促进社会进步为己任的学术话语毫无关涉。为了使自己的研究看起来更为客观,学者们通常会极力否认自己学术创作的修辞性。自 17 世纪西方科学主义范式逐渐确立以来,如何应用新近阐明的科学方法获取有关物质世界的新知识取代了如何通过解读和阐释经典文献使人类文化积淀和智慧结晶得到传承,成为思想知识界的最大兴趣,科学甚至诗歌被看作是一种个体的、中性的事业。人们似乎只能"报告"自己的观察和发现,而对研究的社会与话语属性根本不予考虑。于是便出现了诸如客观 / 主观、真理(理性) / 修辞(对话)这样推崇前者贬抑后者的对立。修辞被排挤出了科学研究和知识生产的领域,对知识或真理的追求成为现代主义和科学主义的专利。

然而,随着语言工具论逐渐为语言本体论所取代,修辞与科学、知识之间的关系日益密切,成为当代西方修辞学研究关注的热点问题之一。20 世纪下半叶西方社会后现代主义思潮的崛起,推动了人们对科学知识的起源、生产、交流及其社会文化意义进行反思和审视。许多不具备修辞学背景的学者对修辞学产生了浓厚的兴趣,将其作为一种与常规的认知和思维模式大异其趣的"另类"思想方法、解读工具和理论资源引入各自的专业研究。他们试图从修辞的角度重新审视各自的学科构筑程序和演变过程,意识到它所提供的知识是在该领域从事理论实践的学术群体通过内部交流、讨论、辩论和说服而普遍接受的意见,而且这些共识的形成深受包括具体历史、文化和社会条件在内的各种偶然性因素以及学科内外复杂多变的条件下形成的各种权力结构的影响，学术研究本身被重新定位为"研究修辞"（rhetoric of inquiry）。这一新观念的出现大大提高了学者们对各自研究领域的观念基础、研究方法和知识生产过程的反思能力。与此同时，随着科学技术和社会研究的发展和修辞学的复兴也产生了"科学修辞"，即科学话语必然是一种修辞行为，所谓的科学事实和修辞是不可分离的。科学概念和科学陈述从思考过程伊始就是与研究者的修辞动机密切相关的。修辞不仅仅是科学语言的运用和表达中的因素，而且是科学知识的发现、辩护总过程中不可或缺的因素，修辞在科学中也有着认识论功能。伽达默尔就曾精辟地指出："我们应当捍卫修辞学相对于现代科学具有初始性的主张，因为一切希图有实际用途的科学都依赖于修辞学。"[1]当科学知识的暗箱被科学知识社会学揭秘之后，科学哲学开始认识到修辞是对科学知识塑形过程中的能动因素之一。这一跨学科发展方向通过借用修辞学的方法和术语，从文本对比中考查知识在产生、塑形过程中各种社会因素的影响以及语言在知识中扮演的角色。科学修辞通过文字表达、逻辑、论辩、诉诸权威、科学实践者的信念等来说服他者，抵抗竞争性陈述。

随着科学哲学的"修辞学转向"和修辞意识席卷各学科研究领域，人们对"科学修辞"和"研究修辞"的认识不断深入，"科学知识不再被看作是超然、普世、恒定不变的信息，而只是在某一领域从事理论实践的学术研究群体通过内部交流、讨论、论辩和说服而普遍接受的意

1　Jost. W., M. T. Hyde, eds, *Rhetoric and Hemeneutics in Our Time: A Reader*. New Haven: Yale University Press, 1997.

见"[1]。语言的应用毫无例外都应该被看作是"象征行动"，即便是那些"最不带感情色彩的科学术语"的应用也是如此，因为这类术语的应用不可避免地带有说服性。

20世纪50年代以来，真理与知识生产的修辞维度被推向前台。修辞学家佩雷尔曼发现，古往今来哲学家们通过诉诸不同的论辩策略以求获取人们对其观点的信奉，其所宣称的真理或知识不过是诉诸普世受众的意见而已。真理与知识不可避免地具有或然性，亦即修辞性。20世纪80年代以来，随着修辞意识的逐步扩散和不同领域的学者们对修辞日益高涨的研究兴趣，继语言转向之后的修辞转向蔚然成风。学者们已然达成如下的共识："优秀的学术研究远不只是硬事实和冰冷的逻辑，而且，所谓的事实或逻辑如果不是符号（也即社会）建构的话，也（必然）是符号干预（的结果）。"[2]修辞与学术话语并不对立，它内在于学术话语的生成与运作之中。在西方学界，一支颇具生命力的"研究修辞"（rhetoric of inquiry）的新支流汇入了对学术话语的解析或批评这一修辞转向的大潮中。

同时，现实、话语、权力与修辞的内在联系使我们不能盲视话语生产和理解过程中的诸多复杂因素。貌似全然中性的真理与知识生产也难免掺杂权力因子。在话语运作过程中，诸如经济、社会地位等外在因素无疑都会影响主体间性过程参与者的言说语力，成为权力因素干预"事实／真理"的认定或建构。强调学术的修辞性在于认识到真理和知识生产无法脱离人和社会而获得意义，而并非否认知识和科学之于社会进步

1　刘亚猛，2008：2。
2　Simons, Herbert. *The Rhetorical Turn: Invention & Persuasion in the Conduct of Inquiry.* Chicago: University of Chicago Press, 1990.

的意义。各种学术话语的编织必然面向特定的受众，并以充满模糊性的语言或非语言符号为介质，以影响并获得受众对相关观点的认同为目标，因而不可避免地充斥着人的主观性以及修辞的运作，比如诉诸各种权威、隐喻乃至唤起特定的情感。以科学和真理的面目呈现的各种表述，不过是诉诸人们在混乱的经验世界里强烈的秩序欲求这一心理需要，其实往往也是一种说服手段。与其他言说一样，学术话语也具有论辩维度，必然在特定的论辩语境中展开。某一理论观点的提出必定包含或隐或显的针对其他观点的回应和辩驳，而围绕着批评性话语分析的学术论辩正是对研究修辞的最有力的佐证。

批评话语分析植根于当代语言学理论、后现代哲学和社会学思想，以其跨学科性和开放性著称，研究范围涉及新闻话语、身份建构、种族话语等诸多领域。经过近三十多年的发展，批评话语分析已经成为语言学研究领域一支具有强劲发展势头的力量，这一方面体现在其固定的学术出版阵地和频繁的学术活动，另一方面体现在批评话语分析越来越多地被其他人文和社会科学吸收、借鉴。越来越多的国内学者关注、探讨批评话语分析，注意到其所体现的批评转向，对其展开理论探讨并将其方法运用于各种话语的批评。批评话语分析研究者从西方修辞的角度，将"批评话语分析"这一学术话语本身作为一种特殊的修辞实践进行解析。

第二节 "批评"的修辞发明

修辞发明是为达到特定目的而寻求可说、能说的话语实践活动，是根据特定的修辞情境质疑、批判旧观点、旧概念和旧旨趣，进而挖掘、确立新话题和新观点的论辩过程。只有当修辞者按照不同事件或事态的内在特征以及涉及的不同修辞目的和修辞对象迅速确认、选取、组织和应用相应的"说服因素"，说服才能奏效。修辞发明被视为修辞的中心任务。亚里士多德围绕"话题"这一中心概念构筑了一个相当完整的修辞发明理论，而后世的赫尔玛格拉斯则将说服的起因视为修辞发明的出发点。他将使人们有必要诉诸说服的那个意见冲突成为"争议点"，认为"争议点"才是修辞发明的真正动力。

即便在貌似超然的学术话语中，对事实的策略性利用也是"题中应有之义"。学术话语的发展是由学术论辩驱动，来自不同学术背景的学者对批评话语分析旷日持久的批评，其内在动力在很大程度上是源于学术批评的内在要求。作为一种学术争论的思辨方法，对以往研究的批评在某种程度上是为提出新的学术观点铺路。奇尔顿（Chilton）指出批评话语分析无法带来真正意义上的社会变革，其目的在于强调批评话语分析应该注重语言学分析，应该把关注的焦点更多地集中在发展语言学研究理论和方法上，这为他提出以认知语言学为基础的政治话语分析奠定了基础，也使得他对批评话语分析的批评成为"建设性的批评"[1]。美国当代著名社会语言学家黛波拉·泰南指出，在西方"论辩文化"的框架内，"学术文章的标准写法是提出一个与其他人的观点对立的看法，然后证

1　Wodak, Ruth. "Critical Linguistics and Critical Discourse Analysis." *Handbook of Pragmatics*. Ostman & Verschuren. eds. Ansterdan: Benjamins Publishing, 2006: 60.

明前者是错误的"。[1]法国当代思想家布迪厄也指出："学术论辩中某一学术观点总是力图将自身的逻辑规定为学科场域中居统领地位的合法逻辑并占据支配地位，并将对手的观点归为非主流甚而不合法"[2]。

刘亚猛在"当代西方修辞学科建设：迷惘与希望"一文中分析了了20世纪90年代以来西方修辞学界围绕"大修辞"和"小修辞"的学术论辩，提出这一激烈学术辩论无疑深刻地体现了西方修辞的一则基础性认定：针对任何一件争议都至少有两个针锋相对却又同样站得住脚的论点。如果我们以同样的修辞透镜来审视围绕批评话语分析的学术争议，就不难发现这一基础认定同样适用。无论就其学术地位确立的时间、学术受众数量来说，非批评的传统语言学都享有绝对优势地位，属于学术场域中的"既得利益者"。主流语言学不把对社会文化语境进行考察纳入其研究视域，经常指责批评话语分析为"政治上有偏见"或方法上"不够严谨"，因而"拒斥系统的社会批评"。批评话语分析以"批评"冠名无疑暗含对其他社会不公正和权力压制现象持非批判立场的学术范式的批评。传统的语言学和会话分析似乎忽视了语言与权力的关系，批评话语分析理论家们倾向于将其归为"非批评性"的研究。事实上，在学术互动中"批评"实质上已经成为一种修辞发明的策略：通过将其标示为语言分析的核心概念，传统的静态的话语分析被阐释为具有某种重要缺陷因而需要加以批判或修正的研究进路。换言之，"批评"字眼的使用是一种以不将社会批评作为其导向的主流语言学为靶子的修辞发明策略。质疑、挑战传统研究范式必然动摇其观念基础而"带来极大的不确

---

1 Tannen, Deborah. *The Argument Culture: Moving from Debate to Dialogue*. New York: Random House, 1998.
2 张意：《文化与符号权力：布尔迪厄的社会文化学导论》，北京：中国社会科学出版社，2005。

定性"，并迫使对该范式确信无疑的学者注意、重视新观点且产生与新观点"进行修辞接触的强烈动机"。同时，这一质疑也使批评话语分析学者承担起证明这些范式实际上存在重大缺陷、"批评"优于"非批评"的举证责任。因此，"批评"也就成为标示其独特学术身份进而成功进入学术场域的修辞策略。批评话语分析通过暗示、质疑主流语言学的动机，意图削弱其声望，破坏其学术形象，进而动摇其"主流"地位。批评——非批评的二元对立因而体现了典型的西方学术修辞发明路径。

一、CDA 的学术商标化策略

斯威尔（Swales, 1990）曾经指出作者在写学术论文引言部分时有一个隐蔽的目的，即间接地"推销"其研究成果。巴提耶（Bathia）也指出学术著作前言及介绍部分的"推销"成分越来越明显和直接，甚至有时候处于统治（dominant）地位。过去二十多年来，这种"学术商标化"策略运用尤为突出。英国拉夫堡大学社会心理学教授比林格（Billig）（2003）就对批评话语分析进行了批判性解读。他总结了批评话语分析的基本主张，并特别呼吁面对自身的发展批评话语分析应当自我反思和自我批评。这篇题为《批评话语分析和批判的修辞》的文章强调 CDA 自身必须接受批评，这包括其缩略语 CDA 本身。在对哲学史上的批评研究方法进行了回顾之后，比林格区分了其重要特征并赋予当前形式下"批评"以特殊的意义，接着他分析了学术界及其所处的社会环境下所谓的"成功的困境"，并进而揭示跨学科甚或是反学科立场（正如 CDA 方法所代表的）和学科确立（正如三个首字母 CDA 所代表的）立场之间的冲突。

他指出，批评话语分析知名学者费尔克劳（Fairclough）在其1992 年的著作《话语与社会变迁》并未使用 CDA，而只是笼统地称批评语言学、意识形态批评等话语分析方法为"批判方法"（critical approaches）。这些"批判方法"包括"批评语言学"和阿尔都塞对意识形态的研究。他也曾使用其他术语如"批评语言意识"（critical language awareness）和"批评语言研究"（critical language studies），但是其同年出版的《批评语言意识》使用了"批评话语分析"，但也仍未以 CDA 为标签。在这本书中，他将"批评话语分析"定位为"批评语言研究"的一种形式。三年后他的《批评话语分析》（*Critical Discourse Analysis*）一书在术语命名上做出了重大调整，他将多种批判分析方法归一为一个统一的带有显著标识的批判研究方法或范式，正如其副标题"The Critical Study of Language"中的定冠词和 CDA 的使用所示。他进而指出，以往对压制性的语言和权力进行批判的理论方法、范式现如今全部归于一个独特的学术工程 CDA 的麾下。语言研究的批判视角被构筑为一种商品，这一学术商标化策略不但给 CDA 带来学术上的成功而且还有更多的经济利益，如相关学术刊物、书籍等出版量的上升和市场份额的扩大。这一成功的话语策略进一步巩固了批评话语分析的学术地位。"理论观点本身是不够的，只有商标化并成为易识别的知识产品才能成功地得以推销。"[1]CDA 这一缩略语的广泛使用表明批评话语分析学者们也采用了标签式"学术营销"策略。该策略的修辞机制在于通过类

1　Billing, Michael. "Critical Discourse Analysis and the Rhetoric of Critique." *Critical Discourse Analysis: Theory and Interdisciplinarety*. Eds. Gilbert Weiss and Ruth Wodak. New York: Palgrave Macmillan, 2003: 41-42.

似于名物化的"封装"（encapsulation），使其客观化为不可协商、不可改变的事物或客观存在，进而消抹掉人为创造、干预的痕迹。这样名物化的缩略语本身又可自然而然地成为一个"主位"、主体或起点，参与更为广阔的话语建构之中并更易于获得更广泛的传播。

事实上话语批评实践本身不折不扣地体现了修辞性——在"促进社会革新"这样"不带私利"的纯学术批判的表象之下隐藏着话语批评非常实际和功利的修辞动机。首先，话语批评，正如其商标般的缩写名称本身（如 CDA、CL、MDA、PDA）所示，是一种类似于消费主义话语的营销策略，或佩雷尔曼所说的诉诸定义的论辩策略，其意图是最大限度地促进其在学术、教育场域和出版领域为学术受众和商业受众等所认可传播，并借此带动相关刊物、著作的出版及学术影响力的增力。其次，"批评"这一字眼已然蕴含着话语批评实践的修辞论辩性：在当代西方学术场域，社会批判代表着一种高尚的修辞人格，以"批评"冠名无疑占领了学术场域的道德高地，不仅是一种自我褒扬和证当，还暗含对那些非批评性的传统语言理论或学术实践这一反成主体的批评或回应，以及对学术资源乃至商业利益的争夺。"批评"与"非批评"的二元对立因此也是话语批评学者确立、昭示独特学术身份的论辩策略。

二、修辞人格的投射

西方古典修辞将通过一定方法的应用由修辞者产生的说服手段称为"人工"说服手段，可再细分为三小类：诉诸道理（logos）、诉诸受众情感（pathos）和诉诸修辞者人格（ethos）的证据。在西方古典修辞学家看来，要达到修辞的目的，这三者缺一不可。修辞者除了设法使受众成员进入最有利于说服工作获得成功的情感状态以及向他们"摆事实、讲道理"之外，还必须展示出一种能赢得他们的尊重和信赖，对他们具有感召力的人格，并利用这一人格所具有的威信来影响他们的决定。亚里士多德在他的《修辞艺术》一书中明确指出："人格在劝说中几乎可以说是起支配作用的因素。"修辞人格是达成劝说效果的一个有力手段。实际上，修辞权威是修辞人格的重要体现。修辞者若具有较高的修辞权威，即其所言具备较高的可信度，那么其修辞人格便容易彰显。修辞权威与修辞人格对修辞劝说效果的好与坏有着重要的影响，甚至能左右受众的反应。

批评话语分析最为人称道之处在于其社会批评事业与社会变革的宏伟目标，即通过话语分析，批判当下的西方社会秩序，揭示西方权力精英所支撑的社会不平等和不公正。例如，费尔克劳解构了"标准英语"所隐含的不平等权力关系[1]。他还从压制性权力关系入手来分析妇科医生与病人之间的医患关系中所体现的"语篇后权力"[2]。通过宣扬自己的学术志向和学术实践，批评话语分析投射出社会正义捍卫者的机构修辞形象。显然，批评话语分析提出的社会变革目标本身其实是诉诸修辞威信，即为该范式本身构筑、投射一个能够引发公众共鸣、拥戴的合适的修辞形象，尤其是促进社会变革本身可以认为是当代西方社会这一广义社群或文化内广为拥戴因而也难以反对的"共同价值"。诉诸这种共同价值的修辞好处在于让其反对者不好甚至不敢提出质疑异议，以免陷于自外

---

1 Fairclough, Norman. *Language and Power*. London and New York: Longman, 1989: 55-58.
2 Fairclough, 1989: 58-60.

于"主流"智识或意见而被边缘化或被鞭挞的尴尬境地。事实也确实如此。虽然学者们对仅仅通过话语批评来促进社会变革这一宏大目标能否实现还心存疑虑，虽然语言学界对批评话语分析是否能像其宣称的那样可以带来真正意义的社会变革或具有真正的社会效果还颇有争议，但即便是对其持激烈批评态度的威多逊（Widdowson）也不得不承认，揭示语言如何用于欺骗、歪曲和制造偏见在当代社会显得尤其迫切。布鲁马特（Blommaert）也指出，批评话语分析"正确地将机构话语环境作为中心研究对象来考察语言、权力与社会过程的关系"。因此，"我们很难不同意批评话语分析的基本范式准则"和否认批评语言意识的重要性[1]。可见，将自己的学术范式与促进社会变革联系起来，在很大程度上成功地为批评话语分析投射出了一个充满正义的修辞形象，这一形象必然会得到整个社群、文化的授权。毕竟，在民主、公平作为崇高智力形象的当代西方，没有什么比以"批评""促进社会变革"更能体现"公心"、更能扫除对其逐利的怀疑。批评话语分析的学术崛起因而与成功的修辞人格投射不无关系。

三、修辞急缺的建构

20世纪50年代以来，修辞学家积极地寻找新的途径解释修辞学，重新认识修辞的目的，扩展修辞学的范围，因而修辞与情景之间的关系受到了极大关注。当代西方修辞学研究中最重要的概念之一就是，修辞话语的判断和解释必须根据产生话语的情景和社会环境。在修辞学家看

1　Blommant, Jan. *Discourse: A Critical Introduction*. Cambridge: Cambridge University Press, 2005: 33-34.

来，话语是对某一特定修辞情境的适切反映。修辞情境最重要的内涵是修辞急缺，即为修辞者感知、急需且能够通过话语手段干预的某一紧急事态。修辞者甚至可以通过话语手段人为制造急缺，从而为其主动干预提供借口。这意味着急缺本身也可以成为修辞发明的手段。批评话语分析将受众权力模型简化实质上就是其创造的学术修辞急缺，为其理论的提出创造了又一个"师出有名"的"修辞情境"。

批评话语分析通过话语批评揭示不平等权力压制实质上是将读者或大众预设为无权无助因而是需要话语"帮助"的对象。实际上，按照霍尔的观点，读者可能持有的阅读立场有三种，即压制式（dominant—hegemonic）（阅读立场与原文本所自然化的立场一致）、商谈式（negotiated）（只采纳原文本所传递的意义的一部分，并依特定意图对其进行"改造"）和反抗式（oppositional）（阅读立场通常与特定文化中的非主流阅读立场相联系）。这三种阅读方式说明在修辞情境中作为阐释者的读者是有多种可能的选择。从霍尔的理论来看，批评话语分析显然先入为主地预设了受众只会以被动顺从的方式来阅读。佩雷尔曼（Perelman）早已指出，受众是具有自由意志的人而非只能被随意摆布的物。真实的受众是能够自主选择因而需要"赢取"而非可以被任意摆布的行动主体[1]。而批评话语分析则预设了受众（如各种媒体受众）在各类话语消费上的无权无势，将其理所当然地当成需要通过话语批评解析来唤醒的权力牺牲品和解救对象，将其在话语互动中可能的自主性这一多元前提简化为顺从乃至被动接受。威多逊（Widdowson）因而将批评

1　Perelman, 1969: 24.

话语分析对读者自主性的忽视归结为有意而为的"谋划"（pretext）。[1]

吊诡性（paradoxicality）所揭示的是所有批评和解构性话语所共同面对的悖论和进退维谷之境：批评话语本身也不能免于语言修辞性的歧变和转换作用。修辞的吊诡，就在于它同时表现出这两种相互冲突对立的特性。修辞吊诡的双重性所揭示的，既是形而上学谬误的根源，也是批评和思想的唯一手段；既是批评的对象，也是批评的武器。然而，如果修辞是批评不可避免的陷阱和盲视，那么，修辞也同样揭示了批评的策略和责任，代表了批评的精神和伦理。因为，正是由于语言这种与生俱来的修辞性／矛盾性／解构性，真正严肃和负责的批评所能采取的唯一的策略，就是自觉的自我批评和解构。语言的修辞性既是对形而上学进行批判的武器，同时更呼唤对武器的批判。

随着修辞学内涵在后现代社会得以重新认识，修辞批评的价值也被人们重新评估，它除了具有批判精神外，还具有两个方面的特点：一是坚持促成社会权力适用的途径是交流，二是尊重和照顾其他反对性话语，保持一种辩证状态。在任何复杂的社会形态下，正常、健康的修辞实践总是由修辞行为和对这一行为的反对和抵抗构成的一体两面。一方面，修辞者在各种目的和利益的驱使下总是尽力运用并且不断发明各种说服手段对受众施加影响。另一方面，受众成员总是通过洞察修辞生效的机制、审视修辞行为背后潜藏的利益动机，使自己在面对各种说辞时能够有所警惕、有所鉴别，不至于轻易为用心险恶的巧言佞词所误导和蛊惑。正是由于这两个方面的相生相克、相互制衡，修辞才能够在社会的运行和发展中发挥其不可或缺的建设性作用。

1　Widdowson, H.G. *Text, Context, Pretext: Critical Issuesin Discourse Analysis*. MA: Blackwell Publishing, 2004: 107.

第七章

总结与展望

一、总　结

　　批评话语分析以篇章语言学、社会语言学等当代语言学理论和后现代哲学和社会思想为基础，强调跨学科性和开放性，研究范围涉及新闻话语、种族话语、政治话语和身份建构等诸多领域。三十多年来批评话语分析的学术成果层出不穷，其研究队伍也日益壮大，而且广为其他人文和社会科学所吸收和借鉴，大有超越"非批评"取向的主流语言学而成为新的语言研究范式之势。然而，批评话语分析家们必须保持必要的反思：对批评术语的使用并不意味着 CDA 的话语体系就自外于复杂的学术生态环境之外。学术研究绝非是自外于其所处的社会语境，而是必然要受到权力关系的染指。即使像 CDA 这样学术成就斐然的带有批判使命的研究也是一把双刃剑，它既可以帮助我们揭示话语运用的那层面纱，同时也可能成为遮蔽话语运用的面纱。对语言使用的高度警觉构成了本研究的一个基础认定，而这正是西方新修辞学领军人物肯尼斯·博克不断告诫我们的，即我们应当时刻反思象征的运用，只有这样才不会成为象征的牺牲品。沿着这一思路，我们深感在当今关于 CDA 的学术探讨之中，修辞学视角的探索能够帮助 CDA 的学术话语摆脱困境。本书试图通过吸收古典修辞学理论、美国新修辞学、传播研究和文化研究的学术营养来丰富 CDA 的理论探索。

　　本书主要运用了定性的研究方法，主要包括文献综述法和比较研究法。文献综述法主要涉及西方修辞学中修辞和权力概念的演变、受众观念发展的流变和批评话语分析学科领域的观念基础、研究方法和知识生产过程的反思。比较研究法主要着眼于新修辞学和批评话语分析的共同研究取向。主要研究内容包括以下四个方面：

（一）修辞、权力与意识形态之间错综复杂的关系

　　对修辞学这门研究如何有效使用话语的综合性语言理论，围绕话语的相关研究，如话语与权力，话语与知识，话语与社会秩序等一直是其普遍关注的核心和热点问题。"修辞转向"使得修辞意识成为引发人文社会科学诸多领域创新型研究的新抓手，同时也打破了不同学科之间的壁垒，"非修辞"学科对修辞学研究的理论资源及其应用性研究成果的青睐使得自身学科的研究逐步趋于纵深化和泛化。当代所理解和实践的修辞研究，产生于一个跨学科的背景之下，与语言学、文学、美学、社会学、心理学、哲学、认知科学、社会学、人类学以及政治学等都有联系。

修辞所探讨的基本问题，使得整个认识领域都与批评实践相关联。修辞学的观念母体与文化批判理论似乎更为契合，因为修辞学作为一门有着悠久历史的人文学科，从其诞生之日起就把话语批评视为己任。通过探索修辞自古以来与政治的密切联系，引入其与权力和意识形态的关系话题。从修辞的自我韬晦、修辞与权力的无缝对接和作为象征性权力的修辞三个方面探讨了修辞与权力的共生关系。意识形态在语言中凸显唯有通过解读，而最好的解读方式莫过于可以反映语言与行动之间关系的修辞学。权力和意识形态的内在本质同修辞的工作机制，即修辞作为"象征力量"的体现只有在不被"认出来"的时候才有可能发挥效力，是不谋而合的。权力和意识形态总是与修辞共生的。修辞"自我韬晦"的本质使其必然成为权力和意识形态运作过程中的必不可少的媒介。

（二）意识形态的修辞运作

对修辞学中"意指概念"之于意识形态分析的重要性进行了探索，对"意指概念"的两种分析路径，即共时和历时的分析路径以及其运作方式分别进行了论述；同时对"意义"在文化层面与政治层面的修辞学生产机制—接合实践进行了分析，即借助特定的话语方式来完成事物与意义之间的连接关系，进而实现社会意识深处的认同劝服目的；探索了隐喻的意识形态功能，从隐喻的遮蔽作用、隐喻所蕴含的评价、隐喻所体现的权力建构、隐喻的论辩功能四个方面进行了分析；明确修辞发明中的争议点理论为培养批判精神的利器，指出争议点理论作为一个话语生成或者说"修辞发明"理论，有助于在各种进入流通的"事实表述"的最终消费者中间培养一种有益的批判精神。

（三）西方修辞学同批评话语分析的一些潜在结合点

从新修辞的两位领军人物博克和佩雷尔曼的修辞理论入手，分别探索西方修辞学对批评话语分析的理论构建的借鉴作用：首先分析博克语言观与批评话语分析家的共同之处，发现通过提供一系列术语屏，博克将我们的注意力从还原性的表征移开而去关注意义含混的空隙，从而为我们反抗主导性话语表述提供了抵抗的节点。深受人文主义思想的影响，博克始终对话语或批评主体的能动性持积极乐观的态度。修辞思想历来以修辞者为中心，强调修辞者的施事能力，与之相关的"动源""意图"等概念在修辞理论中至为关键。这种"以人为本"的修辞意识彰显了修辞者—受众的关系，并最终促成了当代人文社会科学的修辞转向，使"学者们看清了人文学科话语的'说服和道德本质'及其内在的解放和批判功能"。修辞既是话语生成的实践方式，也是话语争夺的实施途径。修辞显然已经不仅仅属于统治阶级推行其意识形态合法性的政治谋略，相反，修辞还可以成为被统治阶级进行反抗的最有力、最隐蔽的一柄利器。对语言这一象征性行动的修辞化应用，对于博克来说，就是埋藏下公共福祉的种子，以希冀话语主体能够积极地投身到改变社会现状的行动中来。博克能够帮助我们将批评话语分析和话语主体的动源联系起来，因而使得研究者可以预见生产解放性话语的可能性。接下来对西方修辞传统中的"受众"观念进行了梳理和分析，提出批评话语分析预设了受众（如各种媒体受众）在各类话语消费上的无权无势，将其理所当然地当成需要通过话语批评解析来唤醒的权力牺牲品和解救对象，将其在话语互动中可能的自主性和能力这一多元前提简化为顺从乃至被动接受，而西方修辞传统中具备了目的性与主体意识的修辞论辩主体拥有实践理性,能够挖掘功能各异的实践策略并顺应情境诸元素进而推动社会进步。反过来,正是因为主体的自由与能动(因而可以自主地判断、做决定),道德与责任才能与之关联;作为言说对象的受众的主体性才不会被忽视,从而彰显西方修辞学传统中的受众研究对批评话语分析理论构建的进一步补充。

(四)批评话语分析自身的修辞实践

西方修辞学为我们提供了审视批评话语分析自身批评实践的观念基础。批评话语分析虽然一贯强调自身的反思性,却未能直面自身的修辞运作,其有关修辞的极为简略的表述在相当程度上模糊、遮蔽了其自身的修辞性。对批评话语分析自身修辞实践的分析构成了本研究的一项重要内容。从西方修辞的角度,将"批评话语分析"这一学术话语本身作为一种特殊的修辞实践进行解析,着重从四个方面进行分析,即关于批评的修辞、CDA 的学术商标化策略、修辞人格的投射和修辞急缺的建构。对批评话语自身修辞实践的分析可以从一定程度上回应对其的质疑和批评。

本书发现批评话语分析和西方修辞学着实存在一些潜在的结合点:西方修辞传统为我们理解权力和意识形态提供了强有力的观念基础。同时 20 世纪后期美国出现的"新修辞学"与诞生于欧洲大陆和英伦三岛的批评话语分析共处于人类思想发展史的同一阶段,二者存在很多相似点:如跨学科性、批评性和语言分析性。博克的修辞思想与 CDA 达成的共识是:修辞 / 话语对我们作为社会人而发挥作用是不可或缺的。博克博大精深的修辞思想对批评话语分析提供了很好的注解。博克的动机语法从社会学和语言哲学层面解构话语的动机性、导向性和行为性，同时以同一和同体为核心的动机修辞学超越了后结构主义和后现代主义的单纯离心和解构，探讨了话语行为在社会互动中对社会符号意义体系的重构。借助博克的"对批评的批评"这一概念，我们希望为 CDA 开辟新的研究方向，同时博克的"术语屏"为我们理解意识形态提供了最形象的比喻，它将我们的注意力转向了某一特定的主导性隐喻，博克的"戏剧五位法"为我们审视意识形态的可持续，及其如何通过修辞来适应变化的环境从而维护其自身的合法性。修辞研究在指引人类更好的生活这一终极目标方面所发挥的重要作用一直在我们耳边回响，而这正是博克的希冀和关注所在。我们坚信，只要人类可以借助象征的力量对现实进行修辞性地干预就一定会引发变革。将博克思想引入批评话语分析一方面鼓励批评家进行自我反思和自我批评来实现"对批评的批评"，另一方面证明了戏剧五位法和隐喻性语言观为我们揭示意识形态和权力运作的价值所在。

二、展 望

在当今传播形式和内容极为丰富的大数据时代，批评话语分析所提倡的质疑和批判精神无疑是值得倡导的，然而厘清学术界对于批评话语分析的有关争议具有重要的学术价值。一方面，西方修辞学可以在权力和意识形态的运作方式、受众、新修辞之于批评话语分析等诸多方面为批评话语分析的理论建构提供借鉴和参考；另一方面，正视批评话语分析自身的修辞实践无疑对客观理解有关批评话语分析的争议有着极为重要的本体论意义。

  本书探索西方修辞学之于批评话语分析理论构建与拓展的重要借鉴意义，从修辞与权力和意识形态的关系入手，探索了权力和意识形态的修辞运作模式；深入分析了博克新修辞之于批评话语分析的启示，同时通过引入西方修辞研究的受众概念来揭示批评话语分析自身的修辞建构，为尝试深入研究二者之间的对话和互动提供具有参照价值的操作框架。然而我们必须看到，本书从理论层面探讨了西方修辞学对批评话语分析的启示，对于可否将博克的戏剧五位法、隐喻批评分析和受众分析纳入一个统一的分析框架来进行文本分析，从而从实践层面来进一步验证西方修辞学之于批评话语分析的可借鉴之处尚未进行研究；另外对于博克博大精深的修辞学思想的深入和全面的研读一方面对我们提出了更高的挑战，另一方面也必将为我们探索博克修辞思想同批评话语分析结合提供更多的视角。

参考文献

1. 从莱庭，徐鲁亚：《西方修辞学》，上海：上海外语教育出版社，2007。

2. [英]大卫·麦克里兰，《意识形态》，孔兆政、蒋龙翔译，长春：吉林人民出版社，2005。

3. [英]戴维·米勒，[英]韦农·波格丹诺：《布莱尔政治学百科全书》，郑正来译，北京:中国政法大学出版社，2002。

4. 邓志勇：《修辞理论与修辞哲学》，上海：学林出版社，2011。

5. 冯契、徐孝通：《外国哲学大辞典》，上海：上海辞书出版社，2000。

6. [法]福柯：《权力的眼睛——福柯访谈录》，严锋译，上海；上海人民出版社，1997。

7. [德]弗里德里希·尼采：《古修辞学描述》，屠友祥译，上海：上海人民出版社，2001。

8. [德]哈贝马斯：《交往与社会进化》，张博树译，重庆：重庆出版社，1989。

9. [法]海然热：《语言人》，张组建译，北京：生活·读书·新知三联书店，1999。

10. 黄海容："作为西方思想重塑力的修辞"，《中山大学学报》，2014(1)：60-69。

11. 胡曙中："西方修辞学：当今语言研究之理论渊源"，《外语电化教学》，2008(7)：47-53。

12. 中国社会科学院语言研究所词典编辑室：《现代汉语词典》。北京：商务印书馆，2012。

13. [美]肯尼斯·博克：《当代西方修辞学：演讲与话语批评》，常昌富、顾宝桐译，北京：中国社会科学出版社，1998。

14. 李敬："传播学领域的话语研究：批评话语分析的内在分野"，《国际新闻界》，2014(4):7-19。

15. 李艳芳："批评视角下的隐喻研究"，《东北大学学报》，2010(4)：363-367。

16. 李艳芳："批评性语篇分析的修辞视角探索"，《天津外国语学院学报》，2009(4):16-20。

17. 刘涛：《环境传播：话语、修辞与政治》，北京：北京大学出版社，2013。

18. 刘涛："接合实践——环境传播的修辞理论探析"，《中国地质大学学报》，2015(1)：58-67。

19. 刘涛："PM2.5，知识生产与意指概念的阶层性批判:通往观念史研究的一种修辞学方法路径"《国际新闻界》，2017（6）：63-86。

20. 刘亚猛：《追求象征的力量:关于西方修辞思想的思考》，北京：生活·读书·新知三联书店，2004。

21. 刘亚猛：《西方修辞学史》，北京：外语教学与研究出版社，2008。

22. 刘亚猛："当代西方修辞学科建设：迷惘与希望"，《福建师范大学学报》，2004(6)：1-7。

23. [英]罗德里克·马丁，《权力社会学》，丰子义、张宁译，北京：生活·读书·新知三联书店，1992。

24. [德]哈贝马斯，《交往社会进化论》，张博树译铦重庆：重庆出版社，1989。

25. 祁寿华：《西方写作理论、教学与实践》，上海：上海外语教育出版社，2000。

26. 曲卫国："人文学科的修辞转向和修辞学的批判性转向"，《浙江大学学报》，2008（1）：113-122。

27. 田海龙："新修辞的落地与批评话语分析的兴起"，《当代修辞学》，2015 (4):32-40。

28. 屠有祥：《修辞与意识形态》，上海：上海人民出版社，2012。

29. [古希腊]西塞罗：《演说家》，王焕生译，北京：中国政法大学出版社，2003。

30. 许力生："话语分析面面观——反思对批评话语分析的批评"，《浙江大学学报》，2013（1）：135-144。

31. 王馥芳："话语权力：社会改善的重要力量"，《社会科学报》，2014(5)：1-3。

32. 王海明："权力概念辩难"，《西南民族大学学报》，2010(5)：71-75。

33. 张意：《文化与符号权力：布尔迪厄的社会文化学导论》，北京：中国社会科学出版社，2005。

34. 中国社会科学院语言研究所词典编辑室：《现代汉语词典》（第六版），北京：商务印书馆，2012。

35. 朱彦明："尼采对修辞学的贡献"，《当代修辞学》，2011 (6)：84-90。

36. [古希腊]亚里士多德：《政治学》，吴寿译，北京：商务印书馆，1965。

37. [英]约翰·戴维斯：《民主政治与古典希腊》，黄洋、宋可即译。上海:上海人民出版社，2002。

38. [英]约翰·汤普森：《意识形态与现代文化》，高　等译，南京:译林出版社，1980。

Reference

1. Anderson, Benedict. *Imagined Communities.* London:Verso, 1991.

2. Angus, Ian. "The Politics of Common Sense:Articulation Theory and Critical Communication Studies." *Communication Yearbook.* Ed. Stanley A.Deetz. Newbury Park,CA:Sage, 1992.pp.535-570.

3. Arendt, Hannah. "Communicative Power." *Power.* Ed. Steven Lukes. Oxford: Blackwell, 1986.pp.59-74.

4. Aristotle. *Rhetoric.* Trans. W. Rhys Roberts. New York: Random House, 1954.

5. Benveniste, Emile. *Problems in General Linguistics.* Miami:University of Miami Press, 1971.

6. Billig, Michael."Critical Discourse Analysis and the Rhetoric of Critique." *Critical Discourse Analysis: Theory and Interdisciplinarity.* Eds. Gilbert Weiss and Ruth Wodak. New York: Palgrave Macmillan, 2003. pp.35-46.

7. Bitzer, Lloyd F., and Edwin Black, eds. *The Prospect of Rhetoric.* Englewood Cliffs:Prentice -Hall, 1971.

8. Bizzell, Patricia, and Bruce Herzberg, eds. *The Rhetorical Tradition: Readings from Classical Time to the Present*. Boston: Bedford Books of St. Martins Press, 2001.

9. Blommart, Jan. *Discourse: A Critical Introduction*. Cambridge: Cambridge University Press, 2005.

10. Bourdieu, Pierre. *Language and Symbolic Power*. Cambridge:Harvard University Press, 1994.

11. Brummett, Barry. *Landmark Essays on Kenneth Burke*. California:Hermagoras Press, 1993.

12. Burke, Kenneth. *A Grammar of Motives*. Berkeley: University of California Press, 1969a.

13. ---. *A Rhetoric of Motives*. Berkeley:University of California Press, 1969b.

14. ---. *Permanence and Change: An Anatomy of Purpose*. 3rd ed. Berkeley: University of California Press,1984.

15. ---. *Language as Symbolic Action: Essays on Life, Literature, and Method*. Berkeley: University of California Press, 1966.

16. Bygrave, Stephen. *Kenneth Burke: Rhetoric and Ideology*. London: Routledge, 1993.

17. Cahn, Michael. "Six Tropes of Disciplinary self-Constitution."*The Recovery of Rhetorics*. Eds. R.H.Roberts and J.M.M Good. Charlottesville: University Press of Virginia, 1993.pp.71-84.

18. Campbell, George. *The Philosophy of Rhetoric*. Carbondale:Southern Illinois University Press, 1988.

19. Carr, Thomas M. *Decartes and the Resilience of Rhetoric: Varieties of Cartesian Rhetorical Theory*. Carbondale:Univerisity of Southern Illinois Press, 1990.

20. Cicero, *De Orator*. Trans. W.Sutton.Cambridge: Harvard University Press, 1942/1997.

21. Corbett, Edward P. J., and Connors, Robert. *Classical Rhetoric for the Modern Students.* New York: Oxford University Press, 1971.

22. Corbin, Carol. *Rhetoric in Postmodern America:Conversation with Michael Calvin Mcgee.* New York: Gulford Press, 1998.

23. Eagleton, Terry. *Literary Theory: an Introduction.* Minneapolis: University of Minnesota Press, 1983.

24. Eisenhar, Christoper, and Barbara Johnstone. "Discourse Analysis and Rhetoric Studies." In *Rhetoric in Detail:Discourse Analysis of Rhetorical Text and Talk.* Eds. Eisenhart and Johnstone, B.Armsterdam:John Benjamin Publishing, 2008. pp.3-21.

25. Fairclough, Norman. *Analysing Discourse: Textual analysis for Social Research.* London and New York: Taylor& Francis, 2003.

26. ---. *Language and Power.* London and New York: Longman, 1989.

27. Foss, Sonia K.et al.*Contemporary Perspectives on Rhetoric.* Illinois: Waveland Press, Inc.,1985.

28. Foss, Sonia K. *Rhetorical Criticism: Explorations & Practice*, Illinois: Waveland Press, Inc., 2004.

29. Fowler, Roger. Notes on Critical Linguistics. In. R. Steele & T. Threadgold. eds. *Language Topics:*

30. *Essays in Honor of Michael Halliday.* Philadelphia: John Benjamins, 1987:481-492.

31. Foucault, Michael. *The History of Sexuality. New York:Vintage Books, 1980.*

32. Fox, Catherine. "Beyond the 'Tranny of the Real': Revisiting Burke's Pentad as Research Method for Professional Communications." *Technical Communication Quarterly*11.4(2002):365-388.

33. Gaonkar, Dilip Parameshwar. "The Idea of Rhetoric in the Rhetoric of Science." In *Rhetorical Hermeneutics: Invention and Interpretation in the Age of Science.* Eds. Alan G. Gross and William M. Keith. Albany: State University of New

York Press, 1997.

34. Gorgias, "Encomium of Helen." In George A. Kennedy, ed. and trans. , *Aristotle on Rhetoric*. New York: Oxford University Press, 1991.

35. Habermas, Jurgen. "Hannah Arendt's Communications Concept of Power." In *Power*. Ed. S.Lukes, Oxford: Blackwell, 1986.

36. Hackley, Chris. "We are All Customers Now...Rhetorical Strategy and Ideological Control in Marketing Management Texts". *Journal of Management Studies*. 40(2003):1325-1348.

37. Hall,Stuart. "Ideology and Communcation Theory." *Rethinking Communications*. Newburry Park: Sage Publishing, 1989.pp.40-52.

38. *Representation:Cultural Representations and Signifying Practices*. London:Sage Publications,1997.

39. Hassett, Michael. "Sophisticated Burke: Kenneth Burke as a Neosophistic Rhetorician." *Rhetorical Review*. 13.2(Spring 1995):371-390.

40. Herrick, James A. *The History and Theory of Rhetoric—an Introduction*. 3rd ed., Boston: Pearson Education, Inc., 2005.

41. Hilderbrand, D.L. "Was Kenneth Burke a Pragmatist? "*Transactions of the Charles S. Peirce Society*. 31(1995): 632-658.

42. Hunston,S.C. and G. Thompson,eds. *Evaluation in Text*. Oxford: Oxford University Press, 2000.

43. Jarrat, Susan C. "*Rhetoric*." *Introduction to Scholarship in Modern Languages and Literatures*.3rd ed. David G.Nicholls. Ed. New York: Modern Language Association of America. 2007.pp.73-102

44. Jost, W., M.T.Hyde, eds. Rheotrical Hermeneutics in Our Time: A Reader. New Haven: Yale University Press, 1997.

45. Kennedy, George. *Classical Rhetoric and Its Christian & Secular Tradition: From Ancient to Modern Times*. Chapel Hill: University of North Carolina Press, 1999.

46. Krebs, Ronald R. and Patrick Jackson. Twisting Tongues and Twisting Arms: The Power of Political Rhetoric. *European Journal of International Relations.* 13.1(2007);35-66.

47. Laclau, Ernesto, and Chantal Mouffe. *Hegemony and Socialist Strategy.* London:Verso, 1985.

48. Lakeoff, George, and Mark Johnson. *Metaphors We Live By.* Chicago: University of Chicago Press, 1980.

49. Langer, Susanne. "Language and Thought." *Exploring Language.* Ed. Gary Goshgarian. New York: Harp Collins College Publishers, 1995.

50. Lee, David. *Competing Discourses:Perspective and Ideology in Discourse.* London: Longman, 1991.

51. *Leith, Dick.* "Linguistics: A Rhetor's Guide." *Rhetorica. 12.*2 (1994):211-226.

52. Locke, Terry. *Critical Discourse Analysis.* New York: Continnum, 2004.

53. Makus, Anne. "Stuart Hall's Theory of Ideology: A Framework for Rhetorical Criticism." *Western Journal of Speech Communication.* 54.4(1990):490-514.

54. Mckeon, Richard. *Rhetoric: Essays in Invention and Discovery.* Woodbridge. Ox Bow Press, 1987.

55. Mckerrow, Raymie."Critical Rhetoric:Theory and Praxis." *Communication Monographs.* 56.2(1989):91-111.

56. McGee, Michael C."The 'ideograoh,' A Link between Rhetoric and Ideology." *Quarterly Journal of Speech. 66(1980):1-16.*

57. Miller, J. Hillis. "Nitzsche in Basel:Writing Reading."*Journal of Advanced Composition*13.2(1993).311-328.

58. Montgomery, Martin. *An Introduction to Language and Society.* New York:Routledge, 2008.

59. Moran, Michael G. and Michael Ballif. Twentieth-Century Rhetoric and Rhetoricians. London:Greenwood Press, 2000.

60. Nash, Roderick. *Wilderness and the American Mind*. New Haven: Yale University Press, 2001.

61. Paul de Man，*Allegories of Reading: Figural Language in Rousseau, Nietzsche, Rilke and Proust.* New Haven and London: Yale University Press, 1979.

62. Peterson, T.R., and Peterson, M.J. "Ecology according to Silent Spring's Vision of Progress." *And No Birds Sing: Rhetorical Analysis of Rachel Carson's Silent Spring*. Ed.Craig Waddell. Carbondale: Southern Illinois University Press, 2000.73-102.

63. Perelman, Chaim, and L.Olbrechts-Tyteca. *The New Rhetoric: A Treatise on Argumentation*. Notre Dame: University of Notre Dame Press, 1969.

64. Perelman, Chaim. *The Realm of Rhetoric*. Trans.William Kluback. Indiana: University of Notre Dame Press, 1982.

65. Perelman, Chaim. "Formal Logic and Informal Logic."*From Metaphysics to Rhetoric*. Ed. Michael Meyer.

66. Dordrencht: Kluwer Academic Publishers, 1989.pp.9-14.

67. Perry, Steven. "Rhetorical Functions of the Infestation Metaphors in Hitler's Speech." *Central States Speech Journal*. 34(1983):229-235.

68. Porter E. J. "Audience." In Encyclopedia of Rhetoric and Composition：Communication from Ancient Times to the Information Age. Ed. Theresa Enos. New York: Routledge, 1996.pp.42-49.

69. Robert, R.H., and J.M.M. Good, eds. *The Recovery of Rhetoric: Persuasive Discourse and Disciplinarity in the Human Sciences*. London: University Press of Virginia, 1993.

70. Roberts, J.M. *History of the World*. New York:Oxford University, 1993.

71. Richard, I. A. *The Philosophy of Rhetoric.*London: Oxford University Press, 1936.

72. Rufo, Kenneth."Rhetoric and Power."*Argumentation and Advocacy.* 40 (Fall,2003):65-84.

73. Sacks, Sheldon. *On Metaphor.* Chicago:University of Chicago Press, 1979.

74. Schon, Donald A. "Generative Metaphor: A Perspective on Problem Solving in Social Policy." *Metaphor and Thought.* Ed.Andrew Ortony. New York:Cambridge University Press, 1993.

75. Simons, Herbert. *The Rhetorical Turn: Invention & Persuasion in the Conduct of Inquiry.* Chicago: University of Chicago Press, 1990.

76. Simpson, J.A.and Weiner. The Oxford English Dictionary. 2nd. Oxford: Oxford University Press,1989.

77. Stillar ,Glenn F. *Analysing Everyday Texts.* California:Sage Publications, Inc.,1998.

78. Tannen Deborah. *The Argument Culture: Moving from Debate to Dialogue.* New York: Random House, 1998.

79. Thompson, John. *Studies in the Theory of Ideology.* Berkeley:University of California Press, 1984.

80. Thompson, Seth. "Politics without metaphors is like a fish without water." *Metaphor: Implications and Applications.* Ed. Mio, J.S.&A.Katz. Mahwah:Erlbaum,1996.pp.185-201.

81. Toolan, Michael."What is Critical Discourse Analysis and Why Are People Saying Such Terrible Things about It?"*Critical Discourse Analysis: Critical Concepts in Linguistics.* Ed. Michael Toolan. vol.iii. London and New York: Routledge, 2002. pp. 219-241.

82. Tracy, Karen. "Discourse Analysis in Communication." *The Handbook of Discourse Analysis.* Ed. Schiffrin D., et al. Oxford, UK: Wiley- Blackwell, 2008. pp.725-749.

83. Van Dijk, Teun A. *Ideolgoy: A Multidisciplinary Approach.* London: Sage Publicatons, 1998.

84. Vickers, Brain. *In Defense of Rhetoric*. Oxford: Clarendon Press, 1988.

85. Wander, Phillip. "The Ideological Turn in Modern Criticism." *Central States Speech Journal*. 34(1983):1-18.

86. Wartenburg, Thomas E. *The Forms of Power: From Domination to Tranformation*. Philadelphia: Temple University Press, 1990.

87. Weaver, Richard M. *Language Is Sermonic*. Eds. Richard L.Johannesen, et al. Baton Rouge: Louisiana State University Press, 1970.

88. Wess, Robert. *Kenneth Burke:Rhetoric, Subjectivity, Postmodernism*. Cambridge:Cambridge University Press, 1996.

89. Widdowson, H. G. *Text, Context, Pretext: Crtical Issues in Discourse Analysis*. MA: Blackwell Publishing，2004.

90. Wodak, Ruth. "Critical Linguistics and Critical Discourse Analysis." *Handbook of Pragmatics*.Östman & Verschueren. eds. Amsterdam:Benjamins Publishing, 2006.pp.50-70.

91. Wolin, Ross. *The Rhetorical Imagination of Kenneth Burke*. Columbia: University of South Carolina Press, 2001.

92. Zizek, Slavoj. "The Spectre of Ideolgoy." *Mapping ideology*. Ed. Slavoj Zizek.London: Verso, 1994.pp.1-33.